AF640162

Christina Brudereck
Worte meines Herzens

Worte meines Herzens

Gebete für Frauen

von Christina Brudereck

neukirchener

MIX
Papier aus verantwortungsvollen Quellen
FSC® C014138

Bibliografische Information der Deutschen Nationalbibliothek:
Die Deutsche Nationalbibliothek verzeichnet diese Publikation in der Deutschen Nationalbibliografie; detaillierte bibliografische Daten sind im Internet über http://dnb.d-nb.de abrufbar.

Quellennachweis

S. 50: Vaterunser, Matthäus 6,9-15: Dr. Ulrike Bail / Frank Crüsemann / Marlene Crüsemann (Hrsg.), Bibel in gerechter Sprache © 2006, Gütersloher Verlagshaus, Gütersloh, in der Verlagsgruppe Random House GmbH.

S. 66: „Greeting Shekinah" [pp.32-33] from SHE WHO DWELLS WITHIN by LYNN GOTTLIEB. Copyright © 1995 by Lynn Gottlieb. Foreword copyright © 1995 by Ellen M. Umansky. Reprinted by permission of HarperCollins Publishers.

5. Auflage 2023
© 2015 Neukirchener Verlagsgesellschaft mbH, Neukirchen-Vluyn
Alle Rechte Vorbehalten
Gesamtgestaltung: Miriam Gamper-Brühl, Essen, www.3kreativ.de
unter Verwendung von Bildern © Shutterstock
Lektorat: Dr. Stephanie Heimgartner, Bochum
Verwendete Schriften: Livory, PT Sans
Gesamtherstellung: FINIDR, Lipova
Printed in Czech Republic
ISBN: 978-3-7615-6190-4

www.neukirchener-verlage.de

Ich widme dieses Buch allen,
die den Eindruck haben,
mehr Gebete gesprochen zu haben
als erhört wurden
und die trotzdem immer wieder
flehen, danken und anbeten.

Sofort wenn ich aufwache,
noch bevor ich mich zurechtmache,
spreche ich für dich ein kleines Gebet ...

(frei nach Aretha Franklin)

Was Flügel hat, kann die Worte weitertragen.

(Kohelet 10,20)

Inhalt

Gebete für mich 8

Gebete meiner Erzählgemeinschaft 48

Gebete für diese Welt 78

Gebete in Beziehung 88

Gebete *für mich*

Ich danke dir dafür,
dass ich besonders wunderbar
geschaffen bin.
(Psalm 139,14)

Für mich

Hier bin ich.
Aufmerksam für mich.
Und für dich. Du großes Geheimnis.
Ich höre meinen Namen.

Ich will eine sein, die sich stellt.
Stärk mir den Rücken.
Meine Kraft.
Ich bin ein von dir berufener Mund.
Verleih mir Stimme.
Große Ja-Macht, die alles Leben ins Leben liebt.

Ich bin begabt.
Ich habe Erfahrung gesammelt.
Eine Schatztruhe voller Weisheit.
Möge ich dich treffen.
An jedem Ort. In jeder Person.
Und immer wieder in meinem Herzen.
So wie jetzt.
Amen. So sei es. Ich sei. Wie du bist.

Morgengruß

Ich stehe am Fenster.
Mein Blick geht zum Himmel.
Mein erster Gruß geht an dich.

Auch wenn ich die Nacht noch spüre,
das Dunkel mich noch halten will,
die Müdigkeit in mir nachklingt –

Auch wenn ich die Träume schon wieder vergessen habe,
die Sterne verloren,
das Schweigen neu erobern muss –

Auch wenn dieser Tag noch unvertrautes Land ist
und ich den Weg nicht kenne –
es dämmert mir dein Licht, Gott,
und ich gehe mit deiner Kraft.

Ich heiße den Morgen willkommen.
Und dich –
in meiner Seele,
in der Zeit, die ich heute habe.

Ich bin dein Ebenbild.
Ich wurde ins Leben geliebt,
darum will ich das Leben lieben.

Mein Geburtstag

Mein Geburtstag.
365 Tage lang mein Leben gelebt.
Zeit gehabt.
So oft ein- und ausgeatmet.
So viel geliebt.
Meine Zeit verschenkt an viele.
Wieder ein Jahr älter geworden.

Heute.
Mich feiern.
Und feiern lassen.
So viele Glückwünsche.
Gutes tun.
Mir Gutes tun.
Mir Gutes tun lassen.

Jetzt.
Segen ist mehr als ein Wort.
Ich lebe.

Du lebst in mir. Du segnest mich.

Du bist mein Glück.
Ich bin dein Segen.

Mein neues Lebensjahr ist unsere Zeit.
Ich werde älter mit dir.

Allein

Ich.

Nur ich.
Nur ich allein.

Niemand ist da.
Niemand spricht mich an.
Niemand hat nachgefragt.

Keine Unterstützung.
Kein Verständnis.
Kein offenes Ohr.
Keine andere Hand.

Ohne Freundin.
Ohne Mann und Frau.
Ohne Kind.
Ohne Familie.
Ohne Nachbarin.

Kein Flirten.
Keine Berührung.
Keine Küsse.

Keine Umarmung.
Keine Zärtlichkeit.
Kein Sex.

Nur Sehnsucht.
Nur Nacht.
Nur dieses Vakuum.
Nur Stille.
Nur Verlangen.
Nur Wünsche.
Nur du.

Nur du und ich.

Atemgebet

Im Einatmen bete ich „du!“
Im Ausatmen bete ich „ich!“

Ich will bewusst leben und atmen.
Das Unsichtbare achten wie das Sichtbare.
Das Selbstverständliche wie das Überraschende.
Das Gewohnte wie das Außergewöhnliche.

Ich will bewusst leben und atmen
und achten, was mich leben lässt.

Im Einatmen bete ich „du!“
Im Ausatmen bete ich „ich!“

Alle Menschen atmen.
Denn dein göttlicher Geist weht
und erneuert das Angesicht der Erde.
Alle Menschen werden belebt von deinem Geist.

Im Einatmen bete ich „du!“
Im Ausatmen bete ich „ich!“

Dein Geist hält mich in Atem.
Dieser Energie will ich mich anvertrauen.
Sie belebe mich.
Wo sie will.
Sie erreiche mich.
Sie überwinde in mir alles, was tödlich ist.
Sie atme weiter in mir, bis zum ewigen Leben.

Danke

Ich bin so dankbar für das Sonnenlicht.
Für mein Bett.
Mein Tagebuch.
Schreiben. Träume. Worte.
Für die Liebe.
Wärme. Vertrauen. Zärtlichkeit. Zuneigung.
Für Gesundheit.
Mein Badezimmer.
Wasser. Seife. Spiegel. Schminke.
Eine Tasse Earl-Grey-Tee. Brot. Honig.
Meine Arbeit.
Feedback. Ergebnisse. Mittagspause.
Meinen Schreibtisch.
Laptop. Telefon. Heizung. Strom.
Meine Muttersprache.
Für den heiligen Raum in mir.
Meine Sippe. Wurzeln.
Sympathie. Solidarität.
Für die Kinder.
Für Lieder.
„Gott ist gegenwärtig." – „Walk on!" – „We shall overcome."
Auswendiglernen-Können.
Bücher. Biografien. Beispiele. Bildung.
Gleichberechtigung.
Für die Zeitung.
Freiheit. Pressefreiheit. Meinungsfreiheit.
Demokratie.

Reisepläne.
Für Spaghetti. Oliven. Pfeffer. Rucola-Salat.
Jahreszeiten.
Den Garten. Rosen. Grün. Salbei und Pfefferminze.
Für meine Kirche.
Erzählgemeinschaft. Erinnerungsgemeinschaft.
Mein Zuhause.
Bande. Treue. Nachsicht.
Glauben. Hoffnung. Noch mal Liebe.
Für Stille.
Rotwein. Musik. Inspiration.
Zeit.

Sei gepriesen, Herr,
weil du mich erschaffen hast.

(Klara von Assisi)

Dass ich *wichtig bin*

Lass mich nie vergessen,
dass ich wichtig bin.
Einen Unterschied mache.
Eine Stimme habe.
Und Fähigkeiten.
Eine Geschichte, die sonst niemand hat.
Lass mich nie vergessen,
dass du mich brauchst.
Meinen Glauben. Meine Liebe.
Dass diese Welt auf mich wartet.
Auf meinen einzigartig schönen Beitrag.

Mantra *unter der Dusche*

Wasser, Hitze und Haut.
Wasser, Seife, Shampoo.
Wasser, Schwamm und Hände.
Wasser, Gott und Leben.
Wasser, Leben und ich.
Fließendes Zeichen.
Immer wieder will ich dir erlauben,
mir nah zu sein.

Mantra *beim Tanzen*

Gott. Tanz mit mir.
Selbstvergessene Füße.
Alter Schwung.
Nächste Drehung.
Meine Schwerkraft.
Alle Energie im Raum.
Beide Hände reiche ich dir.

Meine Arbeit, *mein Beitrag*

Mein Schöpfer.
Erinnere mich daran,
dass ich erschaffen wurde von dir
und immer weiter von dir erschaffen werde.

Mein Schöpfer.
Erinnere mich daran,
dass ich schöpferisch, kreativ bin wie du.

Erinnere mich daran,
dass ich lebe, um diese Welt schöner zu machen.
Zu gestalten.
Aufzurichten.
Heilsam zu berühren.
Zu verbinden.
Zu tanzen.
Um ein Segen zu sein.

Mein Schöpfer.
Erinnere mich daran, dass ich dein Bild bin.

Dein Gegenüber.
Ein Original.
Ich will tun, was ich kann.
Segne du mein Können,
auf dass meine Arbeit ein guter Beitrag werde.
Segne meine Arbeit
vom Beginn bis zur Erfüllung.

Eine Zensur *findet nicht statt*

(Artikel 5, Absatz 1 des Grundgesetzes)

Danke für diesen Raum der Freiheit.
Ohne Kritik.
Ohne Bewertung.
Ohne Urteil.
Ohne Zensur.

Danke für dieses offene Gespräch.
Ohne Selbstzensur.
Ohne Schere im Kopf.
Kein „Das darf ich nicht aussprechen,
nicht fragen, wünschen, fordern".
Kein „Das kann ja gar nicht sein".

Ich sage, was ich denke.
Was ich empfinde.
Was mir Angst macht. Mich freut.
Was ich träume. Mir wünsche.
Wo ich widerspreche. Verzweifle. Rat brauche.
Was ich weiß, ahne, hoffe.

Danke für diese Gelegenheit zur freien Meinungsäußerung.
Danke für diesen Raum meines Herzens.
Danke für jede Eingebung.

Ungeschminkt

Ich bin ungeschminkt.
Ohne Lippenstift und Kajalstrich.
Ohne Rouge und Wimperntusche.

Meine Füße sind nackt.
Keine Louboutins.
Nicht mal Ballerinas.
Und kein Nagellack.
Kein Leder, kein Perlmutt.

Ich bin nackt.
Keine Jeans, kein Rock, kein Kleid.
Kein Shirt, keine Bluse, kein Blazer.

Ich bin ohne Schmuck.
Keine Ohrringe, keine Accessoires.
Kein Gürtel, kein Halstuch.

Ich bin stumm.
Ohne Märchen. Ohne Ausrede.
Ohne Lüge. Ohne Spruch auf den Lippen.

Ich bin Eva.
Ohne Tüll. Ohne Fell.
Ohne Mantel.
Ich bringe mein pures, bloßes Ich.
Ehrlich. Ganz echt. Nur natürlich.
Betend.
Wahrhaftig.

Ich danke dir *für meine Schönheit*

Ich danke dir für meine Schönheit.
Für meine Würde.
Meine Einzigartigkeit.

Du hast mich gewebt im Leib meiner Mutter.
(Psalm 139,13)

Wie eine Künstlerin.
Eine Quilt-Meisterin.
Eine Perfektionistin.
Mit deiner Fingerfertigkeit.

Deiner Phantasie.

Deinem Sinn für Grazie.

Ich danke dir dafür, dass ich besonders wunderbar geschaffen bin.
(Psalm 139,14)

Ich habe meinen Ursprung in dir.
Ich bin dein Bild.
Ich danke dir für meine Schönheit.
Für meinen weiblichen Körper.
Für mein Gesicht. Mein Geschlecht.
Meinen Charakter und alle meine Sinne.

Meine Knochen waren kein Rätsel für dich,
als ich auf rätselhafte Weise erschaffen wurde.
(Psalm 139,15)

Ich war ein gut gehütetes Geheimnis.
Meine Knochen. Meine Größe. Mein Schnitt.
Meine Muskeln. Meine Kräfte.
Mein Herz. Mein Blut. Mein Atmen.
Mein Kopf. Meine Hände und Füße.
In deiner Tiefe geformt.
Dann ans Licht gebracht, um zu leben und zu leuchten.

Leite mich auf einem ewigen Weg.
(Psalm 139,24)

Ich danke dir für meine Schönheit.
Für die Pracht des menschlichen Lebens.
Für deine schöpferische Sorgfalt, die mir Glanz verleiht.

Oh Gott, hilf mir,
die Wahrheit über mich selbst zu glauben,
egal, wie schön sie ist.
(Macrina Wiederkehr)

Typisch

Ich will mich nicht entscheiden
zwischen „typisch Frau“ und „typisch Mann“.
Gott, du tust das doch auch nicht.
Na also, bitte.
Ich könnte mich nicht zwingen, zu wählen
zwischen dem, was einige „weiblich“ nennen oder „männlich“.
Zwischen dem, was als feminines Verhalten belohnt wird oder als maskulines.
Weil ich nicht an diese Muster glaube.
Weil ich frei bin.
Weil ich ja Typisches in mir entdecke.
Ganz viel Pink. Romantik und weiche Haut.
Kleider, Rosen. Heißhunger auf Schokolade.
Aber Untypisches entdecke ich auch.
Und ich gucke gerne Beine an
von Frauen in Schuhen mit hohen Absätzen.
Und Feuer. Und Fußball-Weltmeisterschaft.
Und dann gibt es noch eine ganze Menge Dinge,
die niemandem von uns alleine gehören.
Wie Musik. Lust und Sex.
Ich will mich nicht entscheiden.
Weil ich zwar gut kochen kann.
Mich aber auch gerne bekochen lasse.
Und dass wir beim Anblick des Meeres still werden.
Und die Geburt eines Kindes uns alle überwältigt.
Und wir uns hilflos fühlen, wenn unsere Eltern alt werden.
Und daher werde ich mich nur immer wieder dafür entscheiden,
ein Mensch zu sein.

Freude

Erhalte mir die Freude,
meine Grundstimmung.
Entfache sie und hüte sie,
Feuer meines Lebens.
Puste in die Glut,
Energie für mein Herz.

Geborgen

Ich bin geborgen in dir, Gott.

Du bist guter Hoffnung mit mir.

Du gehst schwanger mit meinem Leben.
Ich werde gehalten.
Aus dir kann ich niemals herausfallen.
Ich bin umgeben von Lebenskraft und Liebe.
In deinem heiligen Raum der Mütterlichkeit.
Ich bin dein.
Ich bin dein Wunder.

Dein Wunschkind.
Ich bin lebendig.
Ich wachse.

Dein Herz schlägt für mich.
Ich höre den Rhythmus des Lebens.
Das große Ja.
Von jeher bis ewig freust du dich auf mich.
Ich bin geborgen in dir.

Schmerz

Ich fühle und denke mich
bis an die Enden,
an die Grenzen,
bis an die äußerste Hülle,
von den Spitzen bis in die tiefste Tiefe,
bis ganz in das Erleben hinein.
Und gebe dem Schmerz einen Namen.

Ich fühle und denke mich
darüber hinaus,
weg von meinem Körper,
in die Weite,
aus dem Raum,
aus der Zeit,
weg von den Enden,
weg von den Grenzen.
Ich winke dem Schmerz zum Abschied.

Ich bin ganz bei mir.
Und außerhalb meiner selbst.
Ich fühle mich und ich denke mich
schmerzfrei.

Die Seelenburg
der Teresa von Avila

Wir können also unsere Seele als eine Burg betrachten,
in der es viele Gemächer gibt,
und in der innersten Mitte all dieser Wohnungen
liegt die vornehmste,
in der die höchst geheimnisvollen Dinge
zwischen Gott und der Seele geschehen.

Meine
Hände

Zupacken will ich
und streicheln.
Nicht festkrallen
und nicht schlagen.
Begreifen kann ich
und loslassen.

Schreiben.
Begrüßen, schütteln.
Teig kneten.
Pflanzen, pflücken, jäten.
Klavier spielen.
Nähen, basteln.
Winken.

Ich will sie
zum Beten falten,
ihre Finger spitzen wie die
Ohren.
Empfangen will ich
und weiterschenken.
Meine Hände gebe ich in
deine.

Gelobt sei der *Lippenstift*

Praise to the lipstick!
Gelobt sei der Lippenstift!
Gelobt sei der „Hauch von Lippenstift für die Würde“.
Wie Herta Müller sagt, aus ihrer Erfahrung der Diktatur in Rumänien.
Mein Spiegelbild und mein Herz erzählen mir das Gleiche.
Im Lager, erzählte ihre Mutter,
bewirkte der Lippenstift die ach so nötige Selbstachtung.
Ein Spritzer Parfüm, erlebte sie selbst, sorgte für eine Portion Stolz
im Gespräch mit dem Geheimdienst.

Mit hohen Absätzen trat man der Demütigung anders entgegen.
Die Lieblingsbluse brachte wieder etwas Stattlichkeit zurück.

In Demokratie und Frieden so selbstverständlich.
Und doch sage ich:
Praise to the lipstick!
Gelobt sei der Lippenstift.

Gelobt der schöne rote Mund einer reifen Frau – wie ich eine bin.
Jubel für Wimperntusche und Kajalstift.
Lob für meine schönen Augen, die an einem Tag so viel sehen.
Gelobt seien Make-up und Rouge.
Und meine Wangenknochen.
Meine Haut.
Meine empfindsame, äußere Hülle.
Meine Falten.
Mein einmaliges Gesicht.
Etwas Puder ist wie ein Kompliment an mich selbst.
Und du bist gewappnet.
Für Demokratie und Frieden.
Praise to the lipstick!
Gelobt sei der „Hauch von Lippenstift für die Würde".

Gebet mit *meinen Vorbildern*

Gott von Ewigkeit zu Ewigkeit.
Gott von Sarah, Rebekka, Lea und Rahel.
Gott von Generation zu Generation.
Segne meine Schwestern und mich
mit dem Gottvertrauen unserer Großmütter.

Segne alle, die sich nach Gerechtigkeit sehnen,
nach Beteiligung und Frieden
mit dem Mut von Coretta Scott King.

Segne meine Freundinnen und mich
mit dem Mut von Virginia Woolf
und mit einem Zimmer für uns allein.

Segne uns mit der Grünkraft
von Hildegard von Bingen.

Segne alle Künstlerinnen
mit der Kühnheit von Susan Sontag.

Segne uns mit der Ausdauer von Aung San Suu Kyi.
Und segne sie, indem wir segnend an sie denken.

Segne alle, die sich nach Gott sehnen
mit der Erwartungshaltung einer Simone Weil.
Und lass uns die „Attente de Dieu“ erleben,
die Erwartung Gottes in unserer Welt.

Segne alle Kirchenfrauen
mit der Entschlossenheit der Katharina von Bora.

Segne uns alle, die wir nicht nur mit dir,
sondern auch über dich sprechen, Gott,
mit dem Respekt von Marguerite Porète.
Die wusste, dass du loin-près bist, nah und auch fern.

Segne meine Nachbarinnen und mich
mit der Beharrlichkeit von Mutter Teresa,
dass wir unser Kalkutta finden
und unser Herz denen schenken, die uns brauchen.

Segne uns Erwachsene, Vernünftige
mit den Kindern von Astrid Lindgren.

Gott von Ewigkeit zu Ewigkeit.
Segne uns mit dem Gottvertrauen unserer Vorfahrinnen.

Heiliger *Raum*

Wenn du betest, geh in dein Zimmer,
in deinen innersten Raum, wo du für dich bist.
(Matthäusevangelium, Kapitel 6,6)

Ich möchte meiner Seele Raum geben.
Hier bin ich für mich.
Niemand darf über die Schwelle treten.
Hier ist Friede. Hier bin ich sicher.
Ich nehme meinen Platz ein.

Ich stelle mir meinen heiligen Ort ganz konkret vor.
Den Boden unter meinen Füßen. Den Blick nach oben.
Meinen Zugang. Die Schwelle. Die Grenze.

Ein Zelt. Eine Kapelle. Ein Zimmer am Urlaubsort.
Einen Garten. Einen Lichtkegel. Ein Atelier.
Ein Baumhaus. Eine Hütte am Fjord. Einen Leuchtturm.
Eine Dachkammer, dem Himmel ganz nah.

In meinem heiligen Raum bin ich für mich.
Und du bist da, Gott.
Ja, mach in mir deinem Geiste Raum.
Zieh in mich ein.
Nimm Wohnung in meiner Seele.

Öffne die Fenster für den Wind.
Öffne die Tür.
Lass meinen Raum auf deinen Säulen stehen.

Hörend werden

Ich möchte hören.
Nicht, was ich soll.
Was ich eh nicht kann.
Was von mir erwartet wird.
Sondern die andere Stimme.
Die leise Stimme.
Die mir heilig ist.
Die von so weit außen kommt
oder von so tief innen,
dass ich sie nicht erklären kann
nur mir selbst.

Ich möchte hören.
Das Echo des Himmels.
Den Chor aller Stimmen.
Die Weisheit.
Die Impulse der Anderswelt.

Deine liebevolle Unterbrechung.

Dein Reden, mein Gott.
Wie du meinen Namen flüsterst.
In mein Ohr.
In mein Herz.

Mittagsgebet

Mitte des Tages.
Mitte des Lebens.
Kern meines Wesens.

Ich bin auf der Suche nach der Mitte.
Ich möchte ins Zentrum des Ganzen finden.
Ich mache mich auf die Reise nach innen.
Ich würde gerne Zusammenhänge verstehen,
die Einseitigkeit hinter mir lassen,
die Lebenskunst der Balance lernen.
Meine Sehnsucht zieht mich.
Dabei vertraue ich mich Gott an.
In der Mitte des Tages
mache ich mich auf die Suche
nach der Mitte meines Lebens.

Grund des Glaubens.
Grund aller Hoffnung.
Herz meines Herzens.
Ich sage „du!“

Kinderlos I

Mein Gott! Die ganze Stadt scheint plötzlich schwanger zu sein.
Überall Frauen, die ein Kind erwarten.
Im Wartezimmer. Im Supermarkt. In der Kirche.
Alle anderen Themen werden verdrängt von ihren Bäuchen.
Mein Herz kreist nur noch um diesen einen unerfüllten Wunsch.

Mein Körper hat keinen Sinn.
Erfüllt sich nicht. Erfüllt seinen Zweck nicht.
Wie soll ich ihn mögen?
Ich bin keine Frau. Höchstens ein Mädchen. Ein leeres Mädchen.
Meine Uhr tickt.
Aber meine Gebärmutter lässt sich nicht wecken.
Von Monat zu Monat, Zyklus zu Zyklus.
Schmerzen, die nichts bringen.
Ich blute immer nur ins Nichts.

Mein Gott! Kinder sind wunderbar.
Patenkinder, Nichten und Neffen.
Spielplätze und Eisdielen.
Tante zu sein, ist großartig.
Aber kein Mensch kann je einen anderen ersetzen, der fehlt.
Ich habe Angst davor, diese fremden Kinder zu sehr zu lieben.
Und Weihnachten wird immer schwerer.
Vielleicht fällt es in diesem Jahr aus für mich.

Mein Mann ist wunderbar.
Aber ich werde ihn nicht zum Vater machen.
Und meine Mutter nicht zu einer Großmutter.
Meinen Vater nicht zu einem Großvater.
Ich bin eine Enttäuschung.
Für die, die ich liebe, und für mich selbst.
Denn ich werde mich nicht zur Mutter machen.

Und was wirst du tun, wenn ich fragen darf?
Der du aus Tohuwabohu eine ganze Welt schaffst?
Einer Jungfrau einen Messias schenkst?
Und deinen Toten aus dem Grab zurück ins Leben rufst?
Was ist dein Plan?
Übersehe ich dein Wunder für mich?

Kinderlos II

Ich höre ihre Stimmen.
Egoistisch sei ich.
Und wolle wohl lieber autark bleiben.
Die Karriere sei nicht alles.
Das Glück, ein Baby zu haben, mit nichts zu toppen.
Ich solle doch endlich auch loslegen.
Worauf ich noch warte?
Einen perfekten Zeitpunkt für ein Kind gebe es nicht.
Ich frage: Wie wäre es mit jetzt?

Ich höre ihre Stimmen.
Zu beneiden sei ich.
Um meine Freiheit.
Die ohne Zahnen und volle Windeln lebt.
Um meinen festen Busen, der nie stillen musste.
Um die Nächte, die ich alle durchschlafen durfte.
Den Kurzurlaub, den ich mir leisten kann.
Die vielen Kinoabende, für die ich keinen Babysitter brauche.
Und eine Menge Geld hätte ich ja auch gespart.
Ich frage: Wollt ihr tauschen?

Ich höre deine Stimme:
„Jubiliere, Du Unfruchtbare, die kein Kind geboren hat.
Brich in Jubel aus, frohlocke, die Du keine Wehen erlebt hast.
Denn die Kinder der Abgeschiedenen sind zahlreicher
als die der Ehefrau, spricht Gott.
Hab niemals Angst, niemand wird dich kränken
und ja, nicht beschämen.
Berge mögen wohl schrumpfen, Hügel erzittern,
aber meine Treue wird nicht weichen
und mein Friedensbund bleibt bestehen,
*spricht Gott, voll herzlicher Liebe.“**
Ich glaube deiner Stimme.

** Jesaja 54, Verse 1, 4 & 10*

Schwanger *nach einer Fehlgeburt*

Bitte!
Ich will mein Baby halten können.
Du weißt, was es mich gekostet hat,
noch einmal schwanger zu werden.
Du kennst mich.

Ich werde gejagt von dunklen Träumen.
Das Leben ist so unglaublich.
Schrecklich und wunderschön.
Voller Gefahren und voller Freude.
Ich traue dir alles zu.

Bitte!
Ich wünsche mir, mein Baby zu tragen.

Du weißt, wie es sich anfühlt,
zu lieben, zu schützen, zu hoffen.

Du gehst mit mir.

Bitte!
Ich bete, dass mein Baby sicher ist, warm und satt.
Eingenistet in mir. Wie in einem Nest.
Ich bete, dass mein Baby leben kann.
Dass mein Wunschkind alles hat, was es braucht.
Dass es einmal flügge wird und stark.

Bitte!
Ich will mein Baby halten können.
Mich und alles, was in mir ist, vertraue ich dir an.

Gelassenheit

Fliegen würde ich gerne.
Aber ich klammere mich.
Bin wie gefesselt.
Die Erde hat heute wieder große Anziehungskraft.
Fliegen würde ich gerne.
Ich bete, werde still, atme tief durch.
Ich werde in Gedanken
wieder ein Mädchen auf der Schaukel.
Ein, aus, vor und zurück.
Ich spüre die Seile zwischen den Fingern.
Meine Füße verlieren Kontakt mit dem Boden.
Ich gehöre nicht mehr der Erde.
Ich werfe den Kopf in den Nacken,
gebe mich hin in den Schwung,
werde schneller.
Ich steige höher.
Ein, aus, vor und zurück.
Und dann lasse ich mich los.
Ich springe und fliege in deine Arme.

Wie eine Mutter tröstet,
will ich euch trösten.
(Jesaja 66,13)

Lieber Gott, mach,
dass ich nicht immer gleich
beleidigt bin.

Meine Sünde *verbrennen*

Ich bin Sünderin.

Deine Heilige.
Es gibt einiges zu verzeihen.

Ich sitze vor dem Ofen. Du bist im Knistern.
Ich vertraue:
Wie das Holz im Feuer,
so verbrennt die Liebe das, was ich bereue.
Bis nur noch Asche übrig bleibt.
Die mich an meine Endlichkeit erinnert.
Die ich mir selber immer wieder eingestehen muss.
An meine Grenzen, die ich mir und anderen verzeihen muss.

Ich bin Sünderin.

Deine Heilige.
Ich kann nicht alles vergessen, was ich falsch gemacht habe.
Was ich getan habe und mir antun ließ.
Aber ich kann mich mit deinem Blick erinnern.
Dann wird es besser mit mir.

Ich bin Sünderin.

Deine Priesterin.
Die das Feuer schürt.
Mit Reue die Verzeihung annimmt.
Und sich das Feuer der Liebe gefallen lässt.

Bei Gott berge ich mich
wie bei meiner Großmutter

mein Psalm

Bei Gott berge ich mich wie bei meiner Großmutter.
In ihrem Haus brennt im Ofen ein Feuer.
Es ist warm, hier muss ich nie frieren.
Es duftet nach Holz und frischen Freesien.
Sie reicht mir einen Becher mit heißer Milch und Honig,
am Abend ein Glas mit rotem Wein.
Wir unterhalten uns.
Sie erzählt mir Geschichten.
Ich höre die Weisheit in ihren Worten.
Sie liest mir vor aus dem Buch der Lebenserfahrung.
Ich liebe ihre warme Altstimme.
Wir essen Gemüse aus ihrem eigenen Garten:
Möhren, Pastinaken, Kartoffeln, Petersilie mit Salz.
Auch meine Fragen und Zweifel kann ich mit ihr teilen.
Wenn ich weine, reicht sie mir ein Taschentuch
und nimmt mich in den Arm oder legt ihre Hand in meine.
Sie bringt mich oft zum Schmunzeln
und auf schöne Ideen und gute Gedanken.
Im Gästezimmer ist das Bett bezogen
und die frisch gewaschene Wäsche duftet nach Frühling.
Der Blick aus dem Fenster geht über ein weites Feld
bis zum Himmel.

Ich bin immer willkommen.
Mal ruhe ich einfach aus.
Mal diskutieren wir.
Mal bekomme ich eine Aufgabe
und erfülle ihr eine kleine Bitte.
Immer inspiriert sie mich
und beseelt mich mit ihrer unsterblichen, grenzenlosen Liebe.
Ich bin nicht alleine.
Ich werde älter mit ihr.
Ihre Stimme begleitet mich.
Und die Erinnerungen an ihre Nähe wärmen mich.
Ich kenne den Ort, an dem ich mich bergen kann.
Für immer.

Frühlingsgebet

Neu werden möchte ich.
Mit dem Ende des Winters bete ich:
Dass Frühling wird in meinem Leben.

Dass ich, was kalt ist, nicht weiter mit mir trage.
Und was erstarrt ist in mir, schmelzen kann.

Mit dem Ende des Winters bete ich:
Dass ich sehen kann, was wächst und aufblüht
und beschütze, was klein ist.
Dass ich das erste Grün wahrnehme.
Die Zeichen der Hoffnung nicht übersehe.
Meine Wurzeln spüre.
Mich von der Sonne berühren lasse.
Mein Zuhause putze. Leichtere Kleider anziehe.
Begrüße, was in mir aufgehen will.

Ich danke dir für den Rhythmus des Lebens.
Neu werden möchte ich.
Botin der Treue und Botin des Anfangs.
Berühre mich mit deiner Grünkraft.
Denn ich möchte mich auf den Frühling freuen.

Staunen

Ich staune.
Vollkommen fasziniert.
Voller Bewunderung.
Andächtig.
Überrascht.
Beeindruckt vom Geheimnis des Lebens.
Unendlich beseelt.

Kochen

Salzen.
Oh ja, salzen will ich.
Und pfeffern.
Denn ich koche.

Diese Welt bringt mich zum Kochen.
Der Hunger bringt mich zum Kochen.
Und all die anderen Katastrophen und Schrecken.

Und jetzt merke ich:
Das Kochen bringt mich zum Beten.

Gott. Du gütiger Gott.
Willkommen hier. Neben mir an meinem Herd.
Bleib gerne. Lass uns eine Weile reden.

Salzen will ich.
Und pfeffern.
Denn ich koche.
Dass ich mich abspeisen lasse, bringt mich zum Kochen.
Dass ich esse, was mich nicht satt macht.
Dass frisches Trinkwasser mir selbstverständlich ist.
Und andernorts vermisst wird.
Dass ich so selten zufrieden bin.

Jetzt gerade empfinde ich aber Frieden.
Denn ich kann salzen.
Und pfeffern.
Ich kann gastfreundlich sein.
Ich kann eine köstliche Cranberry-Chili-Sauce zaubern.
Ich kann Pastinaken mit Salbei aus dem Garten verfeinern.
Ich kann garen.
Oh ja, ich kann auch schmoren lassen.
Und ich kann rühren.
Ich kann vollwertige Mahlzeiten zubereiten.
Ich kann sättigen.
Ich kann Gaumen kitzeln.
Ich kann genießen.

Ich will gerne Salz sein.
Und pfeffern.
Denn ich koche.

Mache die Grenzen *zu Lehrerinnen*

Lehre uns, unsere Tage zu zählen,
damit wir ein weises Herz erlangen.

Lehre uns bedenken, dass wir sterben müssen,
auf dass wir klug werden.
(Psalm 90,12)

Ewige, mein Gott.
Lehre mich bedenken, dass ich hier nicht ewig Zeit habe,
damit ich nicht immer aufschiebe, was mir wichtig ist.

Lehre mich bedenken, dass alles begrenzt ist,
damit ich großzügiger werde mit mir und anderen.

Lehre mich bedenken, dass ich endlich bin,
auf dass ich die Unendlichkeit aufspüre.

Lehre mich bedenken, meine Jahre zu zählen
und mein Herz an die Idee der Ewigkeit zu gewöhnen,
damit ich gelassener werde.

Lehre mich bedenken, dass ich gehen muss,
damit ich neugierig werde.

Mache die Grenzen zu Lehrerinnen für meine Seele.
Ewige, mein Gott.
Ich danke dir für meine unendlich große Sehnsucht.
Und für jede andere deiner charmanten Erinnerungen daran,
dass es noch mehr gibt, etwas vollkommen anderes.

Balance

Ich reite auf vertrauten Wegen in mein Neuland.
Mein Pferd trägt mich bis zum Horizont.
Ich habe Halt.
Bin im Gleichklang.
Fest im Sattel.
Ich weiß, dass ich nicht falle.
Weder auf die eine noch auf die andere Seite.
Ich atme.
Ich stimme überein.
Mit mir, meinem Krafttier, meinem Tempo.
Ich sitze aufrecht.
Breite die Arme aus.
Die Zeit der Einseitigkeit ist vorbei.
Ich übe die Lebenskunst der Balance.

Abendgebet

Unwiderruflich geht jeden Abend
ein Tag zu Ende, der nicht wiederkehrt.

Unwiderruflich gehen am Lebensende
die Lebenstage zu Ende, die nicht wiederkehren.

So nehme ich jeden Abend ein wenig Abschied
vom Leben, das ich liebe.

Der Gang in die Nacht ist mir Todesübung.

Und jede Nacht vertraue ich darauf,
dass ein neuer Morgen kommt.

Herr, ich vertraue darauf,
dass auch die letzte Nacht des Todes
in einen Morgen übergeht,
in die Auferstehung, in dich hinein.

Eine *jüdische Bitte*

„Ewiger, unser Gott,
breite über uns aus die Sukkah deines Shalom,
die Laubhütte deines Friedens."

Zum *Einschlafen*

Wenn die Sonne untergegangen ist,
und dann auch die künstlichen Lichter
ausgelöscht werden,
wenn ich ins Dunkel tauche
und mich dem Schlaf anvertraue –
dann komm, Gott,
und rühr mein müdes Herz an,
dann bleib, Gott,
und lass mich schlafen in deinem Frieden,
dann sprich, Gott,
und sende mir Träume als Boten,
dann wache, Gott,
und schicke mir einen Engel,
dann sieh mich an, Gott,
mit liebevollem Blick bis zum Morgen.

Gebete *meiner Erzählgemeinschaft**

**In meiner Erzählgemeinschaft erfahre ich Verbundenheit dadurch, dass ich mich in eine größere Geschichte einreihe.*

Du, Gott, bist uns Vater *und Mutter im Himmel*

(Matthäus 6, Bibel in gerechter Sprache)

Du, Gott, bist uns Vater und Mutter im Himmel,
dein Name werde geheiligt.
Deine gerechte Welt komme.
Dein Wille geschehe, wie im Himmel, so auf der Erde.
Das Brot, das wir brauchen, gib uns heute.
Erlass uns unsere Schulden,
wie auch wir denen vergeben,
die uns etwas schuldig sind.
Führe uns nicht zum Verrat an dir,
sondern löse uns aus dem Bösen.
Denn du allein regierst gerecht,
du bist mächtig,
dir gebührt die Ehre in Ewigkeit.

Gott der *vielen Namen*

Ewige. Die Farbe Lila.
Weisheit. Freundin der Menschen.
Schöpfer des Himmels und der Erde.
Segen. Geheiligter Name.
Euphorie. Befreier.
Liebe meines Lebens. Die ganz Andere.
Frage. Zeichen.
Sehnsucht. Trotzkraft.
Ruhe im Sturm. Halt der Entwurzelten.
Sommerwind. Avantgarde. Osterjubel.
Zauber. Anfang.
Mutanfall. Millionen.
Mutter. Morgenstern.
Morgenglanz der Ewigkeit.
Mitte. Muse. Meisterin.

Wenn wir im Raum *des Heiligen sind*

(nach Joyce Poley)

Wenn unser Herz im Raum des Heiligen ist,
werden wir gesegnet mit Liebe und Gnade, die uns staunen lässt.
Wenn wir der Weisheit trauen, die in uns allen ist,
unabhängig von Äußerlichkeiten, Bekenntnis oder Einstellung,
dann wissen wir: Wir sind im Raum des Heiligen.
Wenn wir in den Augen der anderen
unser eigenes Gesicht erkennen,
dann wissen wir: Wir sind im Raum des Heiligen.
Wenn wir uns unsere bedeutsamsten Geschichten erzählen
und einander aufmerksam zuhören,
wenn wir in den Worten der anderen
unsere eigene Stimme wiederentdecken,
dann wissen wir: Wir sind im Raum des Heiligen.
Wenn wir die Stille des heiligen Raums miteinander teilen,
und der Gott unseres Herzens uns bewegt,
wenn wir die Kraft des gemeinsamen Glaubens spüren,
dann wissen wir: Wir sind im Raum des Heiligen.

Für *Gemeinschaft*

Gesegnet sei die Gemeinschaft, die Willkommen heißt.
Gott, Ort der Freiheit.
Wo Frauen und Männer erwünscht sind.
Wo Starke und Schwache, Kinder, Erwachsene und Alte Schutz finden.
Wo Menschen familiäre Räume schaffen.

Gesegnet sei die Gemeinschaft, die Zuhause heißt.
Gott, Ort der Heiligen.
Wo Heimweh und Fernweh Hand in Hand gehen.
Wo Alltag und Sonntag, Fasten und Feste fließend aufeinander folgen.
Wo Menschen feierliche Räume schaffen.
Gesegnet sei die Gemeinschaft, die Courage heißt.
Gott, Ort der Leidenschaft.
Wo Freude und Zorn begrüßt werden.
Wo verrückte Ideen und gerechte Wagnisse Unterstützung finden.
Wo Menschen beherzte Räume schaffen.

Gesegnet sei die Gemeinschaft, die Bande heißt.
Gott, Ort der Treue.
Wo Unterschiede und Ähnlichkeiten begrüßt werden.
Wo Kräfte vereint werden und Seelen verwandt und verbunden.
Wo Menschen verbindliche Räume schaffen.

Gesegnet sei die Gemeinschaft, die Gnade heißt.
Gott, Ort für Schuldige.
Wo Scheitern und Erfolg ihren Platz haben.
Wo Leidenschaft, Liebe und Angst zu Wort kommen.
Wo Menschen gütige Räume schaffen.

Gesegnet sei die Gemeinschaft.

Musik

Schenk mir Ohren, die hören.

Dein Liebeslied.
Das singt: Die Liebe ist stärker als der Tod.
Das Lied, das der ganzen Welt gehört.
Und in der ganzen Welt gehört wird.

Gott, du bist eine einmalige alte Komponistin.
Eine verrückte, eigenartige Komponistin.

Du singst uns deine Lieder direkt ins Herz.
Unter die Haut. In die Seele.

Deine Stimme! Tief und satt. Und ein bisschen rauchig.
Gott, du bist eine große Musikerin.
Spielst eine großartige Blues-Gitarre. Du bist schon so alt. Und bekannt.
Und wirkst überhaupt nicht müde.

Dir fällt immer wieder was Neues ein.

Du kannst von Glück singen.
Von Schmerz. Und von Leidenschaft.

Ich stimme immer wieder gerne mit ein.
Wenn mir nicht nach Mitsingen zumute ist, singst du für mich weiter.
Oder überraschst mich mit einem brillanten Solo.
Improvisierst. Holst mich vom Moll ins heitere Dur.

Deine Melodie, Töne, Rhythmus,

deine göttlichen Liebeslieder gehen mit mir.
Sie begleiten mich; klingen nach.
Mein Vertrauen in dich ist ein Konzert,
das mir Energie verleiht.
Ich weiß: In deiner Musik finde ich mich wieder.
Werde ich mich immer wiederfinden können.

Gebet zum *Jahresbeginn*

Ewiger,
aus überströmender Liebe
hast du die Welt geschaffen.
Mit jedem Jahresbeginn feiern wir
den Neuanfang, die Hoffnung
und unser Vertrauen in das Leben.

Befreie mich von dem,
was ich dir und anderen schuldig geblieben bin
und von allen Versprechen,
die ich gegeben und nicht gehalten habe.
Zerreiße alle ungünstigen Urteile.
Und wo ich meiner Verantwortung
nicht gerecht wurde,
da schaffe du selbst Gerechtigkeit.

Beschenke mich mit neuer Zeit,
mit Kraft aus der Ewigkeit.
Aus Liebe hast du auch dieses Jahr geschaffen.
Ich berge mich mit meiner Zeit
unter deinen ewigen Flügeln.
Und bete um ein mit Segen gefülltes Jahr.

Warum?

Warum?
Ich verstehe nicht.
Es ist mir zu hoch.

Du bist zu weit weg.
Irgendwo oben im Himmel.
Ich suche dich.
Ich frage: Wo?

Mein Gott!
Ich habe keine Antwort.

Du bist nur noch Frage.

Du bist das Chaos.
Nicht auszuhalten.
Ich trotze.
Ich frage: Wie?

Hast du mich verlassen?
Ich weiß nicht weiter.
Der Weg ist zu Ende.
Die Mauer hat keine Öffnung.
Der Himmel kein Fenster.
Ich verzweifle.
Ich frage: Wann?

Warum?
Mein Gott!?!
Hast du mich verlassen?

Ich schreie.
Bis du mich hörst.
Erklär dich.
Zeig mir, dass du noch da bist.
Antworte!
Zeig dich verantwortlich.
Ich frage: Warum?

Gott, du großes *altes Schweigen*

Gott, du großes altes Schweigen,
wann endlich redest du?
Morgenglanz der Ewigkeit,
wann leuchtest du endlich in der Nacht?
Wann schickst du noch einmal einen Stern?
Oder einen Blitz – wenn auch nur in Gedanken?
Gott, du ewiges Sehen,
wann hörst du auf zuzuschauen?
Wann bewegst du etwas mit deinen großen Händen
du starke Kraft?
Wann tust du, was in deiner Macht steht?
Kannst du nicht, oder willst du nicht?
Und ist das ein Gesetz, das ich nicht verstehe?
Oder Gnade um unseretwillen?

Passions-*Segen*

Segen für die Passion, die Zeit der Schmerzen.
Segen für die Zeit,
in der das Leben nicht sichtbar ist,
für die Wochen, die den Frühling herbeisehnen.
Segen für das Fasten, die Zeit,
in der unser Grund zur Feier noch aussteht.
Segen für jeden Verzicht.
Segen für die Zeit des Abschieds und des Todes.

Ich berge mich in der Geschichte,
die von Liebe erzählt angesichts des Leidens.
Ich erinnere Jesus, seine Passion,
sein Vorbild, seine Ausdauer,
seinen Widerstand und seine Treue.
Ich berge mich in der Geschichte,
die von Liebe erzählt angesichts des Todes.

Ich erwarte den dritten Tag.
Ich bete, dass ich mit ihm erlebe:
Freiwillig übernommenes Leiden
hat verändernde Kraft.
Dass ich mit ihm erlebe:
Auch wer vermisst wird,
ist auf eine Art anwesend.
Und dass ich dann mit ihm erlebe:
Die Liebe ist stärker als der Tod.

Passions-*Gebet*

Gott von Gründonnerstag.
Rot ist die Liebe. Die Liebe ist rot.
Roter Wein hat eine Farbe wie Blut. Symbol für das Leben.
Hingabe, Freude und Feier. Für dich.
Der Kelch fließt über.
Die Liebe gibt alles. Sich selbst.
Und berührt alle um sie herum.

Gott von Karfreitag.
Tot ist die Liebe. Die Liebe ist tot.
Totes Holz, Kreuz, Folter und Blut. Symbol für das Leben.
Hingabe, Schmerzen und Schrei.
Passion und Leiden. Für dich.
Die Liebe gibt alles. Sich selbst.
Und berührt alle um sie herum.

Gott von Karsamstag.
Bedroht ist die Liebe.
Bedroht, schnell vergessen zu werden.
Blasser Tag.
Zwischen Passion und Hoffnung verblasst das alles.
Leeres Holz, volles Grab, leichenblass.
Tot ist die Liebe. Die Liebe ist tot.
Der Tod berührt alles.

Gott von Ostern.
Rot ist die Liebe. Die Liebe ist rot.
Morgenrot. Früh am dritten Tag.
Wie Blut im Kreislauf.
Wie ein Herz, das schlägt.
Hingabe, Freude und Feier.
Funken, Feuer und Glut.
Aus der Asche erhoben. Symbol für das Leben. Für dich.
Die Liebe gibt alles. Hat noch mehr zu geben.
Die Liebe liebt alles. Sie liebt uns ins Leben.
Gott berührt alle um sie herum.

Ostergebet

Ich grüße den Ostertag.
Ich heiße das Leben willkommen.
Ich umarme das Wunder der Liebe,
die stärker ist als der Tod.

Ich verneige mich vor dir,
auferweckter Jesus,
Christus in meinem Herzen.

Ich verneige mich vor deiner Leidenschaft, deiner Passion.
Das Kreuz ist der Ort,
von dem wir am Wenigsten Gutes erwartet hätten.
Das Grab ist der Ort,
an dem wir Gott am Wenigsten erwartet hätten.

Aber du wandelst alles.

Du machst alles neu und anders.
Man nennt dich den Phönix, der aus der Asche steigt.
Man malt dich in weißen Kleidern, mit weit geöffneten Armen.
Ich verneige mich vor dir, auferweckter Christus.
Liebhaber des Lebens.
Dein Zeichen ist der Baum, der grünt.
Die weiße Lilie. Die Rose, die aus Dornen erblüht.

Ich danke dir, ewiger Gott,
Schöpfer des Lebens,
für dieses Wunder, das alles neu macht.

Danke für deine Leidenschaft.
Danke für deine Energie für das Leben.
Danke für deine Euphorie.

Ich bitte dich, dass alle Hoffnungen,
die ich begraben habe,
heilsam berührt werden.

Dass ich das Leben finde,
und meine Möglichkeiten
und meinen Platz in dieser wundervollen Geschichte.

Ich heiße das Leben willkommen.
Ich umarme das Wunder der Liebe,
die stärker ist als der Tod.

Gebet zur *Heiligen Geistkraft*

Liebe, heilige Geistkraft.

Du bist meine Pippi Langstrumpf.
Wenn ich verzagt bin,
allzu angepasst,
mich klein fühle,
besuchst du meine Annika-Seiten.

Liebe, heilige Geistkraft.
Nachbarin aus Villa Kunterbunt.

Du lockst mich in eine andere Welt.

Du bist die Stimme, die mich ermutigt,
meine Stimme zu nutzen.
Die mich auffordert, beherzt zu sein.
Die mich mitreißt, die Welt zu verändern,
zu beschenken und neu zu sehen.

Du hast Kraft, sie aus den Angeln zu heben.
Und sie so zu machen, widde, widde, wie sie Gott gefällt.

Liebe, heilige Geistkraft.
Wenn ich müde bin,
schürst du die Hoffnung.
Du sammelst Kohlen mit mir
und ich werde wieder warmherzig.
Du machst Feuer,
der göttliche Funke springt über den Gartenzaun
und ich verliere die Angst vor der Grenzenlosigkeit.

Liebe, heilige Geistkraft.
Du bist so frei. So autark. Überhaupt nicht käuflich.
Du lässt dich nicht verschrecken.
Du webst immer noch, wo du willst.
Du beschenkst mich mit den kühnsten Träumen
und mit dem Mut, sie zu verwirklichen.
Du bist die Kraft, die ich nicht beweisen kann.
Unsichtbar wie der Wind.
Und doch erlebe ich deine Wirkung in meinem Leben,
liebe, heilige Geistkraft.

Weisheit

Die Weisheit ist gewandt, gewandter als alles Bewegende,
sie ist rein und durchdringt so alles,
sie ist ein Hauch der göttlichen Kraft,
strahlend aus herrlicher Allmacht,
glänzend vor lauter Ewigkeit,
ein makelloser Spiegel der göttlichen Kraft,
ein Bild ihrer Güte.

(Weisheit 7, 24-26)

Mit den *vier Elementen*

Wasser, Feuer, Erde, Luft sind da.
Meine Tränen gehören mir.
Die Kerze brennt.
Ich habe festen Boden unter den Füßen.
Ich atme.

Ich hoffe, Gott.
Tränen können wohl zu Wasser des Lebens werden.
Ich sehne mich, Gott.

Dein Feuer soll meine Fackel entfachen,
damit ich Licht weitergeben kann.
Ich lebe, Gott.
Der Boden unter meinen Füßen ist deine Welt.
Ich hoffe auf das neue Land, das noch kommt.
Ich warte, Gott, du bist wie die Luft – unsichtbar und doch da.
Ich vertraue:
Dein Lebensatem will mich beseelen.

Ewiger Gott, ich danke dir für die Gabe des Wassers.
Leite mich zu der Quelle, die auf ewig meinen Durst löscht.
Gütiger Gott, ich danke dir für die Gabe des Feuers.
Entzünde auch in mir die Flamme, die Licht in die Welt bringt.
Gott aller Wege, ich danke dir für die Gabe der Erde.
Berühre mich, wenn ich stehenbleibe und wenn ich weitergehe.
Lebendiger Gott, ich danke dir für die Gabe der Luft.
Achte auf mich, dass ich deine Welt atmen höre.

Wasser, Feuer, Erde, Luft sind da.
Meine Tränen gehören mir.
Die Kerze brennt.
Ich habe festen Boden unter den Füßen.
Ich atme.

Gott, du bist in jedem Element.
Und ich bin in meinem,
weil ich in dir bin,
gestillt, erleuchtet, geerdet, belebt.

Schechina

Ein Gebet von Lynn Gottlieb

Schechina, göttliche Gegenwart in dieser Welt.

Du bist anwesend in der Sonne und im Mond.
In meinem Morgenlied.
Beim Händewaschen.
In der Dämmerung und im Feuer.

Du bist erkennbar im Morgenstern und im Tau.
Im Hirsch, der in den Wald läuft.
In den Füßen, die beim Tanz fliegen.
Schechina, wir sehen dich im erhabenen Adler.
In den Händen, die sich falten zum Beten.
Wir entdecken dich in den silbernen Wellen auf dem Fluss.
Unser Geist fließt in das Meer deiner Wonne.

Wir segnen den Tag mit deinem Rauch,
der wie unsere Gebete zum Himmel aufsteigt.
Lass unser Gebet diese Erde berühren.
Shalom Achoti, Friede sei mit dir, meine Schwester.
Alles Leben singt dein Lied.

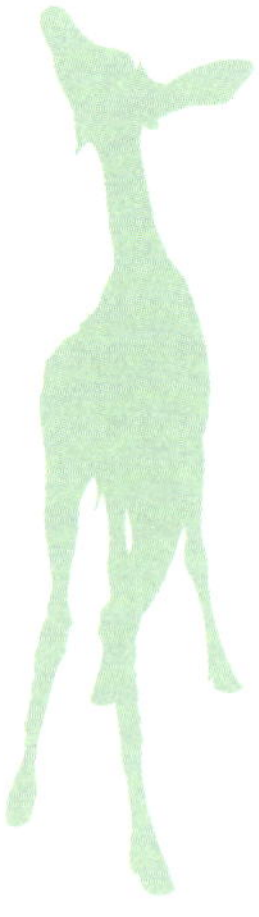

Mantra
im Gottesdienst

Wir sind verabredet.
Ich bin hier.
Ich erwarte dich.
Irgendetwas schenkst du mir immer.
Ein Wort.
Eine Geste.
Ein Zeichen.
Ein Stück Brot.
Eine Erkenntnis.
Eine Melodie.
Eine Zeile.
Eine Stimme.
Oder dass meine Sehnsucht größer wird.
Wir sind verabredet.

Fastengebet

Ich werde eine Zeit lang verzichten.
Ich bete, dass mir klar wird, wo ich im Überfluss lebe.
Wo ich zu viel habe, zu viel will.
Wo ich meine Sehnsucht mit den falschen Dingen füttere.
Wo ich für selbstverständlich halte, was Geschenk ist.

Ich sehe die Chance, mich selbst zu überraschen:
Fällt es mir leicht?
Wie wird sich mein Leben ändern?
Was wird aus mir?
Was entdecke ich?

Ich will Abhängigkeiten entlarven, Süchte.
Mir selbst neue Freiräume schaffen.
Ich frage: Wer ist mein Gott?
Wer oder was beherrscht mich?
Ich möchte meine Unfreiheit aufdecken.

Ich will mich vorbreiten, reinigen.
Leer werden, offen, bereit.
Für dich, Gott, dein Reden, Handeln, Wandeln.
Ich bete, dass ich frei werde, um Entscheidungen zu treffen.
Bereit, etwas Neues zu beginnen.
Mutig, etwas zu riskieren.

Ich suche Gerechtigkeit.
Ich suche Ausgleich.
Für mich und diese Welt.
Mein Blick soll zurechtgerückt werden
für Überfluss, Mangel, Luxus und Not.
Was ich spare in dieser Fastenzeit, werde ich an andere spenden.

Ich bete, dass ich in dieser Zeit deine Nähe erlebe.
Dass du mir Appetit machst auf das, was satt macht und zufrieden.
Dass ich neue Freiheit erlebe.
Und sie dann nutze, um die von anderen voranzubringen.
Dass du mich in der Fastenzeit vorbereitest auf die Festzeit.
Und meine Vorfreude zunimmt.

Gebet
im Advent

Wie soll ich dich empfangen?
Wie soll ich dich eigentlich begrüßen?
Mein Herze soll dir grünen.
Wie im Frühling.
Ich erwarte dich.
Ich will aufräumen für dich.
Mein Haus. Mein Herz.
Meinen Geist entrümpeln von alten Gewohnheiten.

Ich will die Gastfreundschaft neu üben.
Es adelt ein Land, wenn es Asyl gewährt.
Und es adelt ein Haus, wenn es offene Türen hat.
Ich weite diese Haltung auf dich aus.
Ich begrüße dich neu in meinem Leben.

Wie soll ich dich empfangen?
Was wirst du wohl sagen, wenn du in der Tür stehst?
Ich freue mich auf dich.
Ich werde die alten Texte lesen.
Die Verheißungen von Jesaja.
Und ich möchte vertrauen;
irgendwo in diesem Fest und Feiern und Warten
bist du.

Weihnachtsgebet

Gott der vielen Namen.
Du hast die Welt ins Leben geliebt.
Dich selbst in unsere Welt hinein geboren.
Du erfüllst ihr Herz.
Ihre Mitte.

Mein Leben, diese Welt
sind berührt, geliebt und erfüllt von dir.
Immer wieder entstehen neue Möglichkeiten und Anfänge.
Willkommen.
Wie schön, dass du geboren bist.
Ich hätte dich sonst sehr vermisst.
Was wir suchen, wandelst du in das Unerwartete.
Was uns fehlt, wird von dir geschenkt.

Ich staune.
Beim Anblick eines Kindes finden wir uns selbst.
Danke, ewiger Gott, große Liebe.
Danke für die Freude und den Frieden.
Danke für deine Geburt.

Gebet mit *dem Einhorn*

Meinst du, das Einhorn werde dir dienen
und werde bleiben an deiner Krippen?
(Hiob 39,9 in einer Bibelübersetzung von 1620)

Können die Dinge, die ich mir vorstelle,
irgendwann auch mal wahr werden?

In meiner Seele gibt es jedenfalls einen Zauberwald.
Ich bete jeden Tag.
Tage ohne Gebete sind leer für mich.

Im Dickicht der Seele leben scheue Tiere.
Der Glaube ist schnell zu vertreiben.
Vertrauen ist irgendwie ständig auf der Flucht.
Zieht sich zurück. Es wird gejagt.
Diese kriegerische Welt kann uns sehr bedrängen.

Krafttiere wie Einhörner geben mir Kraft.
Vertrauen in Gott zu haben, ist wirkmächtig.
So erlebe ich es. Glaube verleiht mir innere Stärke.

Ich beneide Kinder um ihre Phantasie.
Und erlebe, wie mein inneres Kind beschenkt wird,
wenn ich es mir erlaube.

Einhörner kennen den heiligen Garten.
Das Paradies ist lebendig.
Es wirkt bis zu uns. Es schenkt Frieden und Verzeihen.
Familie Mensch hat noch Garten im Herz.

Das Einhorn ist nicht zu zähmen.
Ich bete darum, dass wir uns nicht anpassen.
Dass wir hier heute nicht Menschen sind, die zahm sind, lahm, dressiert.
Sondern wild, eigenwillig.
Nicht käuflich, sondern fasziniert.

Ich halte in meiner Seele einen Platz für Wunder.
Lasst uns das Geheimnis feiern, das wir Gott nennen.
Lasst uns gemeinsam entdecken, dass das Leben fabelhaft ist
und die Wirklichkeit lebendig.

Lasst uns einander immer wieder fragen:
„Können die Dinge, die wir uns vorstellen, nicht auch mal wahr werden?“
Lasst uns Gott erlauben, uns zu beschenken.

Lasst uns an Wunder glauben.
Und an Verwandlung.
Dass Frieden möglich ist.
Und Würde unantastbar.
Und Liebe alles.

Auf der *Schwelle*

Bei der Geburt:
Sei gegrüßt. Umfangen von Liebe.

Beim Öffnen der Tür:
Sei willkommen. Nimm dir Platz.

Bei der Taufe:
Ich taufe dich in den Namen Gottes.
In Gottesumgebung, die Sphäre des Segens.

Für die erste große Liebe und den ersten Kuss:
Genieße es!
Zu lieben und sich lieben zu lassen ist das Beste.

Nach Prüfung und Probezeit:
Gottes Gnade ist größer als unser Herz.

Für dein Ja-Wort:
Die Liebe ist die Größte! Sie erfülle dein Herz.

Für deinen Umzug:
In jedem Menschen gibt es einen heiligen Raum.

Für deine Scheidung:
Segen zum Neuanfang.

Für die erste und die letzte Arbeitsstelle:
Das Gottesreich ist in unserer Mitte.
Immer und überall.

Zum Abschied:
Gehe in Frieden.

Unvollendet

Wir alle gehen unvollendet,
als Fragment.
Es bleiben Fragen offen,
Wünsche unerfüllt.
Die Sehnsucht immer größer als das, was ist.
Unendlich glücklich sind wir nie, wir Endlichen.
Wir alle scheitern
und wir alle fehlen
immer wieder.
Und gehen unvollendet.

Wir alle gehen unvollendet. Du, viel zu früh.
Und wohl viel zu einsam.

Es bleibt die Lücke, die du nicht mehr füllen kannst.
Es bleiben viele Fragen offen.
Es bleiben auch Erinnerungen
an Feier, Spaß und Lachen,
an Arbeit, Leidenschaft, Engagement.
Es bleibt auch Dankbarkeit
für Gutes, Geschenke und Gemeinschaft.
Es bleibt das Ungesagte, Nicht-Gewagte.
Wir alle fehlen.
Wie du auch.

Wir alle gehen unvollendet
und können nur vertrauen:
Gott wird uns ganz vollenden,
zu Ende komponieren ein Mal mehr in Ewigkeit.
In die Symphonie des Lebens.
Für uns vollbracht, in Liebe dann vollendet.
Ihr vertrauen wir dich an.

Eine heilige *Verabredung*

nach einem Gebet der Samurai aus dem 14. Jahrhundert

Und weil ich manchmal meine Eltern vermisse,
werde ich heute den Himmel und die Erde
zu meinen Eltern machen.
Und weil ich manchmal weit weg von zu Hause bin,
werde ich heute meine Aufmerksamkeit
zu meinem Zuhause machen.
Und weil ich manchmal kein Geld habe,
werde ich heute meine Sehnsucht
zu meinem Schatz machen.
Und weil ich kein Schwert bei mir habe,
werde ich heute meine Sanftmut
zu meinem Schwert machen.
Und weil ich manchmal keine Antwort weiß,
werde ich heute meine Fragen
wie Geschenke an andere weitergeben.
Und weil ich manchmal keine Wunder erlebe,
werde ich heute mich selber als Wunder betrachten.
Und weil ich heute lebe, werde ich heute leben.

Gebete *für diese Welt*

Verbundenheit

In Birmas größter Stadt Yangon pilgere ich zur großen Schwegadon-Pagode.
Trotz Regenzeit erlebt das Land gerade seinen Frühling
und atmet nach langer Isolation Freiheit.
Seine Armut ist erschütternd, die Ursprünglichkeit der Natur faszinierend.
Ich klettere die Unmengen an Stufen zur Pagode hoch.
So muss sich eine Japanerin fühlen, die den Kölner Dom hinaufsteigt.
Das viele Gold blendet die Augen wie Schnee beim Skifahren.

Ich bin ein Gast.
Ganz offensichtlich keine Einheimische.
Freundliches Nicken und Grüßen heißt mich willkommen.
Ich knie in der so genannten „Thursday Corner", der Donnerstags-Ecke.
Im Buddhismus wird geordnet nach dem eigenen Geburtstag gebetet.
Neben mir kniet mein Mann.
An einem Donnerstag geboren wie ich.

Ich bete mit den Worten meiner Tradition.
Um mich herum knien viele andere.
Sie alle Donnerstags-Kinder.
Wir kennen einander nicht.
Ich weiß keinen einzigen Namen.
Ich weiß um Unterschiede.
Und doch sind wir eine Gemeinde.
Es zählt, was wir gemeinsam haben.
Auf wunderbare Weise verbindet uns viel.
An diesem Ort, der seit vielen Jahrhunderten heilig ist.
Umgeben von Gold, Weihrauch und Gebeten.

Achtsamkeit

Mach mich achtsam
für die Verwobenheit aller Dinge und aller Menschen.

Ich bin verbunden,
wir sind verbunden
mit den Generationen vor uns und nach uns.
Mit der Erde, über die wir gehen.
Mit der Luft, die wir atmen.
Mit der Kleidung, die wir tragen.
Mit dem Brot, das wir essen.
Mit der Nation, deren Pass wir tragen.
Mit der Kultur, die uns prägt.
Mit der Zeit, die uns noch bleibt.
Mit Familie Mensch
auf allen Kontinenten und Inseln.

Mach mich wachsam,
mach uns wachsam für die Zusammenhänge,
für das Gleichgewicht dieser Welt
und die Balance unserer Seele.

Mach mich achtsam,
mach uns achtsam für deine Zeichen,
dankbar für dein Vertrauen,
respektvoll füreinander.

Für Blauwal,
Enzian, Himbeeren und Urenkelkinder

Ein Schöpfungsgebet

Seit der Schöpfung der Welt
kann die unsichtbare Anwesenheit Gottes,
die endlose Kraft und Göttlichkeit,
im Geschöpflichen wahrgenommen werden.
(nach Römer 1,20)

Schöpfer, Grünkraft, Atem des Lebens.
Ich bete für den Blauwal und für den Grauwolf.
Für Braunbären und Schneeleoparden.
Rotdachs. Wüstenratte. Kegelrobbe. Und Silberlachs.
Für den Schwarzstorch, den Seeadler und die Korallenmöwe.
Für Wasserschildkröten und Eisbären.
Und für den Erdbeerbaumfalter.
Ich bete für die Artenvielfalt.
Die vom Aussterben bedroht ist.

Schöpfer, Grünkraft, Atem des Lebens.
Ich bete für Alpenweiden und Enzian.
Für die Heidelbeer-Weide. Für Orchideen und Narzissen.
Für Schafgarbe, Felsenahorn, Pinienbäume, Frauenmantel, Beifuß.
Für das sichelfrüchtige Hornköpfchen aus der Familie der Hahnenfüße
und das französische Filzkraut.
Ich bete für die Pflanzenvielfalt.
Für verständnisvolle Bäume und flüsternde Blumen.
Die vom Aussterben bedroht sind.

Schöpfer, Grünkraft, Atem des Lebens.
Mit jeder Art, die wir verlieren,
reißt eine Kette des Lebens,
die über viele Millionen Jahre gewachsen ist.
Dem Menschen, dem Klima, dem Fortschritt geopfert.

Schöpfer, Grünkraft, Atem des Lebens.
Ich bete für meine Urenkelkinder.
Ich sehe sie durch den Garten gehen.
Sie pflücken Johannisbeeren, Himbeeren, Erdbeeren.
Ihre Münder sind rot von Zucker und Glück.
Es schmeckt nach Sommer und Sonne.
Und dann fragen sie sich:
„Was könnten wir tun, damit noch viele andere Kinder
so ein leckeres Erlebnis haben?“
Ich bete für gute Fragen wie diese.
Ich bete für die Demokratie.
Und die Spiritualität.
Für alles, was vom Aussterben bedroht ist.
Schöpfer, Grünkraft, Atem des Lebens.

Für diese *irre Welt*

Gott der vielen Namen.
Ich möchte einstehen für das, was mir heilig ist.

Ich merke:
Die Krisen dieser Welt gehen nicht an mir vorbei.
So viele Kriege. So viele Flüchtlinge. So viele Tote.
Ich leide mit. Ich hoffe mit.
Ich möchte die Nöte an mich heranlassen.
Ich will nicht weggucken, wegfühlen, weiterzappen.
Ich kann nicht zur Tagesordnung übergehen.

Ich möchte nach meinem Weg suchen,
an dieser Welt mitzuwirken zum Guten.
Ich sehe die Realität,
die mich an meinen Möglichkeiten zweifeln lässt.
Und ich danke dir für jede Spur von Segen,
für jede Idee, Erfahrung, für die Kraft, die ich habe.
Ich brauche deine schöpferische Geistkraft.
Ich möchte einstehen für das, was mir heilig ist.

Ich bete für die Verantwortlichen,
die Kirchen, die Minderheiten und die Bevölkerung
in Afghanistan, in der Ukraine, in Syrien,
im Irak, in Pakistan, in Kaschmir,
in Israel und Palästina.
Ich bete, dass Wege gefunden werden,
damit Menschen mit verschiedenem Glauben,
verschiedenen politischen Zielen zusammenleben können in Frieden.

Ich bete darum, dass die großen Werte, die das Leben schützen,
bedeutender werden als unsere Unterschiede.
Ich möchte einstehen für das, was mir heilig ist.
Gott der vielen Namen.

Friedensgebet

Ich bete, dass der Wunsch nach Frieden wächst.
In mir selbst und in dieser Welt.
Ich bete, dass wir Lösungen suchen, nicht den Sieg.
Auch in meinem alltäglichen Leben.

Ich bete für die Betroffenen von Gewalt und Kriegen.
Für die Flüchtlinge, die ihr Zuhause vermissen.
Für die Trauernden, die Angehörige verloren haben.
Für Männer, Frauen und Kinder,
für die ganz Jungen und die sehr Alten.

Ich bete um Unermüdlichkeit,
um Wahrnehmung und Gehör
für die Friedensbewegungen
der verschiedenen Länder dieser Erde.

Ich bete um Einsicht,
damit Mord, Terror und Gewalt nicht länger
als Mittel der Befreiung benutzt werden.
Ich bete, dass wir alle kreativer werden.
Es muss einen anderen Weg geben!
Ich bete, dass die Gefährdung des Weltfriedens
nicht verharmlost wird.

Ich bete stellvertretend für viele andere:
Samadanem, kleine Sheila, kleiner Raja, Friede für Indien.
Hamid in Afghanistan, Elvira in Russland, Julie in Haiti.
Djamila in Syrien, Vandile in Südafrika.
Friede für Emma und Paul hier bei uns.
Shalom, kleiner Jakob, Shalom für Jerusalem.
Salam, kleine Aisha, Salam für Bethlehem, salam aleikum.

Ich bete, dass alle Religionen ihr Bestes geben,
ihre Kraft zum Frieden auf Erden
und zum Wohlgefallen aller Menschen.

Ich bete, dass der Wunsch nach Frieden wächst.
In mir selbst und in dieser Welt.

Gebete
in Beziehung

Gebet für *meinen Mann*

Gott, die du am Anfang
die Erde ins Leben gerufen hast
und die Menschen dir zum Bild geschaffen,
männlich und weiblich,
ich bitte dich: Segne meinen Mann.

Dass er ein Liebender ist.
Ein Mensch, der seiner Lebensberufung folgt.
Seine Begabungen einbringt.
Sich selber treu bleibt.

Dass er ein Liebender ist.
Und daher immer wieder Mut fasst,
genug Mut, um sich zu riskieren.

Dass er seine innere Stärke bewahrt,
die Gewissheiten, die ihn tragen.
Dass er seine Kräfte ausbildet, seine Sinne,
seine fließenden und seine eisernen Anteile.
Und deinen Verheißungen traut wie seinem eigenen Wort.

Dass er ein Schenker ist, der Begabte.
Und ja, noch mal, dass er ein Liebender ist, der Geliebte.
Sich selbst liebt. Und sich lieben lässt.
Von uns beiden. Von dir und von mir.
Vom Wind, von den Kindern und von der Musik.

Gott, die du am Anfang
die Menschen dir zum Bild geschaffen hast,
männlich und weiblich,
segne meinen Mann, meinen zweiten Flügel,
meinen Spiegel, meinen Schatz.

Sex

Wenn es gut ist für mich,
dann ist es so,
als würde sich eine Verbindungstür zwischen zwei Räumen öffnen.
Die dann zum großen Einen werden.

Gott, zärtlicher Gott.
Weil es heute vielleicht geschieht,
wenn es heute geschieht,
dann möchte ich mich nicht verschließen.
Ich möchte genießen.
Nackt sein, außen und innen.
Meine Tür öffnen.
Und mich freuen im Raum des Glücks.

Glücksmomente

Danke für diese Momente,
die mich mit Glück erfüllen.
Die ich als Segen empfinde.
Die mich berühren.
Deren Erinnerung mir die Tränen in die Augen treibt.
Momente, die ewig scheinen.
Wie von dir geschaffen.
So dass ich die Zeit einmal vergessen kann.

Gebet in zwei *bis drei Stimmen*

Ich bete für dich, meine Freundin.

Und ich bete für dich, meine Freundin.

Sei kühn! Sei wagemutig. Vertraue deiner Intuition.
Ich wünsche dir Gott wie eine Löwin zur Seite.

Sei gelassen! Sei ausgeglichen. Vertraue deiner Wirkung.
Ich wünsche dir einen Engel zur Seite.

Ich danke dir für deine Ruhe. Deine sanfte Art. Deine tiefe Stimme.
Ich kann lernen von dir. Dass ich weniger schrill und nicht so laut bin.

Ich danke dir für deine Energie und deinen Zorn.
Deine mitreißende Begeisterung.
Ich will auch von dir lernen. Dass ich mehr riskiere.
Aber ich möchte nicht, dass du leiser wirst.

Danke, dass ich für dich nicht leiser werden muss.

Danke, dass ich für dich nicht sichtbarer werden muss.
Ich bewundere, dass du dich so zur Debatte stellst.

Ich bewundere, dass du so gründlich nachdenkst und forschst.
Ich segne dich, meine Freundin.
Unsere Freundinnenschaft ist ein Geschenk für mich.
Dank sei dem Himmel.

Ich segne dich auch, meine Freundin.
Unser Vertrauen bedeutet mir sehr viel.
Ich danke Gott für dich.

Um *Liebe*

Die Liebe, heißt es, ist die Größte.
Die stärkste Macht der Welt.
Stärker als der Hass.
Stärker als der Tod.
Stärker also als alles, was Angst macht.

Liebe, zieh in mein Herz ein!
Breite dich aus.
Mit deiner Auferweckungs-Energie.

Die Liebe, heißt es, verändert alles.
Weil sie freiwillig leidet.
Sich und ihr Bestes gibt.
Weil ihre Passion das Heil aller sucht.
Und also überwindet.

Liebe, zieh in mein Herz ein!
Füll jeden Winkel.
Mit deiner Wandlungskraft.

Die Liebe, heißt es, sei unendlich.
Erhaben über Festlegungen.
Bedeutender als Erfahrungen.
Weit mächtiger als Klischees.
Und also fähig, Grenzen zu überwinden.

Liebe, zieh in mein Herz ein!
In meine Ehe.
In meine Freundinnenschaft.
In Erziehung, Alltag und Arbeit.
In meinen Blick für mich selbst.
In meine Haltung.
Bring deine Energie mit.
Deine Wandlungskraft. Deine Hoffnung.

Gegen *die Erstarrung*

Geist Gottes.
Feuer der Liebe.
Barmherziger Segen.
Mach uns doch bitte wieder offen füreinander.
Lass uns wieder schmelzen.
Mach uns zugänglich.
Für Argumente, Berührungen und neue Erfahrung.
Erbarme dich.
Dass wir uns erbarmen.
Und die Erstarrung der Liebe weicht.

Herr *der Herren*

„Herr!"
So rufe ich dich selten, mein Gott.
Doch manchmal ganz bewusst.
„Herr aller Herren."
Herrscher des Alls.
Herr über Heerscharen.
Herr, weit größer als alle anderen Herrschaften.
Wichtiger als die Herren Müller und Monster.
Chefs. Leiter. Direktoren.
Pfarrer. Leiter. Älteste.
Kunden. Kollegen. Herausgeber.
Präsidenten. Geldgeber. Gönner.
„Herr!"
Einzig für mich.
Wer dir gehört, ist frei.
Verbunden und frei.

Verzeihen

Ich habe meine Verletzungen angesehen.
Ich habe mir Zeit eingeräumt.
Meinem Zorn. Meiner Ohnmacht. Meiner Trauer.
Meiner Fassungslosigkeit.
Und wieder und wieder meinem Zorn.

Jetzt will ich weitergehen.
Ich suche das Verzeihen.
Ich vertraue mich neu dem Frieden an.
Meine Seele hat die Einladung zur Gegenbewegung angenommen.

Ich entscheide mich gegen die Rache.
Ich werde nicht nachtragend sein.
Ich will mich lösen aus dem, was geschehen ist.
Mein Gestern soll nicht mein Morgen verhindern.
Ich will einen anderen Weg einüben.
Eine neue Haltung. Eine neue Sicht.

Ich ermutige meine Bereitschaft, zu vergeben.
Ich vertraue auf Verwandlung.
Der Schmerz wird nicht das letzte Wort haben.

Gütekraft des Alls!
Ich berge mich unter deinen Flügeln.
Berühre meine Seele.
Was war, soll nicht verhindern, was kommt.

In meiner Welt ist „Opfer“ eine Beleidigung.
„Du Opfer“ ist ein fieses Echo in meinem Kopf.
Gütekraft des Alls! Du bist auf der Seite der Schwachen.

Du erinnerst mich an Jesus, den Gefolterten, der starb.
Nicht gegen jemanden starb.
Niemanden mit in den Tod riss.
Keine Opfer machte.
Keine Opfer von uns fordert.
Noch im Sterben liebte.
Schluss machte mit jeder Entschuldigung.
Mit Opferspielen und Vergangenheit verehren.
Der die Geschichte gründlich unterbrochen hat.
Mit aller Liebe.
Dieser Kraft vertraue ich mich an.

Verwandle und berühre mich.
Gütekraft des Alls!

Danke
für meine Sippe

Gott, meine vertrauliche Liebe.

Ich liebe meine Sippe.
Meine leiblichen Schwestern.
Und die vielen anderen Geschwister.
Sie ist wunderbar und eigen.
Und sie ist anstrengend. Sie ist auch nervig.
Sie zeigt mir meine Macken.
Sie erträgt mich.
Und das Größte ist:
Sie erneuert immer wieder mein Vertrauen.

Ich brauche Familie!
Nicht als Ideal.
Nicht als Appell.
Wie sie sein sollte. Sein muss.
Wie sie auf keinen Fall sein darf.
Wie sie alleine gut ist.

Ich brauche familiäre Räume.
Die Erfahrung von Zuhause.
Wo Kinder und Erwachsene leben.
Wo lesbische Freundinnen willkommen sind.
Und die geschiedenen.
Wo Platz ist für Brüche wie für Glück.
Für Alleinerziehende und Großeltern.
Singles, Geschiedene, ungewollt Schwangere.
Für Versöhnung und zweite Chance.
Ort ohne Bedingung.

Gott, meine vertrauliche Liebe.
Ich danke dir.
Du erneuerst immer wieder mein Vertrauen.

Gebet für *meine alten Eltern*

Gott der Generationen.
Meine Eltern werden alt.

Danke, dass wir so viel Zeit miteinander geteilt haben.
Danke für alles, was sie mir geschenkt haben.
Danke für alles, was ich lernen durfte.
Danke für viele schöne Erinnerungen.
Danke für die Lieder, Tischgebete und Gutenacht-Gebete. Die Rituale.
Für die Bücherstunde am Sonntag.
Für die lustigen Rasselbanden-Geburtstagsfeiern.
Für mein Taschengeld.
Auch für die Regeln, Verbote und Lücken.
Für den riesigen Weihnachtsbaum, der jedes Jahr anders geschmückt war.
Für die sonnigen Urlaube im Wendland.
Dass ich Pflanzen bestimmen kann
und 44 Kräuter für selbstgesammelten Tee.
Danke, Gott, für unsere Zeit.
Du bist ein ewig guter Vater und eine ewig gute Mutter.

Ich werde immer ihre Tochter bleiben.
Und jetzt werden sie alt.
Sie werden schwerhörig und langsam.
Sie sehen schlecht und vergessen viel.
Sie waren immer die Erwachsenen, die Großen, die Starken, die Wissenden.
Jetzt sind sie wie Kinder.
Sie werden gefüttert. Man hilft ihnen laufen.
Sie werden gewindelt und gebettet.
Früher war es umgekehrt.

Gott der Generationen.
Meine Eltern sind nicht mehr die Alten, sie sind alt.
Sie sind klein und schwach.
Bitte, zeig dich ihnen als ewig guter Versorger und als ewig gute Mama.
Zeig dich ihnen als tröstender Hirte und als weise Lehrerin.
Dass sie gerne Kinder sind.
Mit Kinder-Würde, einem Kinder-Herz und Kinder-Vertrauen.
Und mich lass erwachsen sein.
Eine Tochter, die übernimmt.
Dann eine Tochter, die loslässt.
Und immer eine Tochter, die gute Erinnerungen bewahrt.

Segne meine *Schwestern weltweit*

Segne Khumo in Südafrika.
Segne ihre schöne, schwarze Haut.
Ihre Widerstandskraft.
Erinnere sie an Mandela.
An alle, die Apartheid täglich überwinden.
Und das Kap der guten Hoffnung möge ihr Zeichen sein.

Segne Channa in Südafrika.
Segne ihre ganze jüdische Sippe.
Die Kraft ihrer Erzählgemeinschaft.
Erinnere sie an die Mütter des Glaubens.
Sara, Rebekka, Lea und Rahel.
Und mit jedem Sabbat möge die Liebe sie krönen.

Segne Premila in Indien.
Segne ihre Patientinnen und ihre Kinder.
Ihre heilsamen Hände und Blicke.
Erinnere sie an Gandhi.
An alle, die das Kasten-System meiden.
Und mit jedem Sonntag möge die Freude sie gewinnen.

Segne Nicola in London.
Segne ihr neues Zuhause.
Das weite Herz einer Weltbürgerin.
Die weichen Hände einer Heilerin.
Die weisen Worte einer Wissenden.

Segne Ka in Berlin.
Segne ihre Mission für Gerechtigkeit.
Und öffne ihrer Leidenschaft Türen.

Segne Susanne in Stuttgart.
Segne ihr Gottvertrauen, ihre Werte, ihre Treue.
Und ab und zu mögen die Zahlen auf dem Tisch tanzen.

Segne Iveta in Lettland.
Ai Keng in Singapur.
Segne Aung San Suu Kyi in Birma.
Ihren unermüdlichen Kampf für die Menschenrechte.

Segne Noa und Mira im heiligen Land.
Segne ihre Musik und Freundinnenschaft,
die über Grenzen geht,
über Mauern und Bomben, Gewalt und Demütigung.
Erinnere sie an Schimon Peres, Jassir Arafat und an Jitzchak Rabin,

an den Friedensnobelpreis für ihre Bemühungen.
Und ihre Lieder mögen immer von Shalom und Salam singen.

Segne Aurica in Münster. Irene in Düsseldorf.
Katrin in Viersen. Antje in Frankfurt.
Und die vielen anderen,
die sich einsetzen für Geschlechter-Gerechtigkeit.

Segne Nurcan in der Nachbarschaft.
Segne ihre Schneiderei. Ihre Art zu flicken.

Und segne meine Ärztin.
Und alle Hebammen. Alle Anwältinnen.
Die Lehrerinnen und Sozialarbeiterinnen.
Und die Künstlerinnen.
Segne meine Schwestern.
Und segne unsere Verschwesterung.

Brustkrebs

Gebet nach einem Vormittag
im Wartezimmer der gynäkologischen Radiologie

Segne uns alle.
Zur Vorsorge.
Zur Nachsorge.
Die Ängstlichen.
Die Panischen.
Alle, die einen Knoten ertastet haben.
Die Übervorsichtigen.
Die Kranken.
Alle mit der Diagnose „Brustkrebs".

Segne uns alle.
Danke für diese schönen, leisen Gespräche.
Den Austausch.
Die Hände, die Taschentücher reichen.
Segne die Mammographie.
Die Stanzbiopsie.
Die überstandene Operation.
Die Mastektomie.
Die anstehende Chemotherapie.
Die Silikonimplantate.
Die Prothesen.
Unseren Humor.
Unsere Schwere.
Unsere Tiefe.

Die mit dem blauen Turban.
Die mit der Perücke.
Die mit der niedlichen Strickmütze.
Die alle ohne Augenbrauen.

Die Ärztinnen und Ärzte.
Die Schwestern und Assistentinnen.

Die Hoffnung.
Das Loslassen.
Die Pläne.
Das Einverständnis.
Die Chancen.
Die Abschiede.
Die Hoffnung.

Gebet für *unsere Kinder*

Ich bete für unsere Kinder,
für die lang ersehnten und geplanten,
für die unerwarteten und unerwünschten.
Für die neugeborenen.
Für älteste Geschwister.
Mittlere. Jüngere. Jüngste.
Für Einzelkinder und Zwillinge.
Für Hort – und Kindergartenkinder.
Für Schulkinder.
Für die frühgeborenen.
Und die kranken.
Die hochbegabten.
Die frechen, vorlauten.
Die schüchternen, zurückhaltenden.
Die verwöhnten und die vernachlässigten.
Für Mädchen und Jungen.
Für Mädchen und Jungen, die gern Fußball spielen.
Für Jungen und Mädchen, die Nagellack mögen.
Für die schlauen. Und die anders Kreativen.
Die witzigen. Die verträumten.
Die schnellen und die langsamen.
Die neugierigen. Die faulen.
Für unsere Kinder.
Und für uns,
Erzieherinnen, Babysitter, Mütter, Väter, Lehrerinnen, Tanten, Paten.
Und alle, die sich verantwortlich wissen
für die Kinder von Familie Mensch.
Deine Krippe möge uns bewegen,
den Kindern das Gold unserer Liebe zu bringen.

Gebet einer *jüdischen Mutter*

Spielen sollst du. Dein Blick geöffnet für Wunder.
Dein Herz bereit für Ahnungen und Wissen.
Spielen sollst du.
Schauen, staunen und beten.
Noch sind Kieselsteine Berge für dich,
Gräser sind Bäume der Urzeit,
Blüten öffnen sich wie Fallschirme.
Wachse und werde größer und klüger.
Und für immer sei dir ein Sinn erhalten
für die Herrlichkeit der Schöpfung,
für das Wunder des Lebens und der großen, göttlichen Güte.
Wie eine Frucht vom Baum fällt
und nach den Ordnungen Gottes keimt und weitere Frucht bringt,
so möge dein Leben viele beglücken und weiter Leben schenken.
Danken will ich, danken.
Denn wir haben dich erwartet.
Und wenn du deinen Eltern deine Hände entgegenstreckst,
vertraue ich dem Himmel und strecke meine Hände zum Ewigen.

Gebet einer *Lehrerin*

Sie haben dich Rabbi genannt.
Mein Lehrer.
Sie schätzten deine Weisheit.
Deine anschaulichen Geschichten.
Deine originellen Gedanken.
Lass mich von dir lernen.

Sie haben dich hinterfragt.
Wer ist der denn?
Sie kritisierten deine Ideen.
Sie verurteilten deine Art.
Lass mich von dir lernen.

Sie haben dir ihre Kinder gebracht.
Sie wünschten sich deinen Segen.
Deine Berührung, dein Herzen.
Sie vertrauen mir ihre Töchter und Söhne an.
Lass mich von dir lernen.

Sie gingen in deine Schule.
Folgten deinem Beispiel.
Sprachen in deinem Namen.
Heilten in deiner Kraft.
Lass mich von ihnen lernen.

Rabbi.
Lass mich von dir lernen.
Damit ich lehren kann.

Gebet einer *Physiotherapeutin*

Mein Tag ist Haut.
Fremde Haut und meine eigene.
Meine Arbeit sind Muskeln.
Fremde Muskeln und meine eigenen.

Mein Tag ist Spannung.
Meine Arbeit sind Nerven.
Mein Talent ist Berührung.
Meine Aufgabe ist Befreiung.
Meine Berufung ist Heilen.

Mein Weg ist gute Behandlung.
Meine Hände schenken Wärme.
Meine Arme üben Druck aus.
Ich stärke das Rückgrat.
Meine Stimme ermutigt.
Ich bin Lehrerin. Ärztin. Heilerin.

Mein Tag ist Schmerz.
Fremder Schmerz und gesammelter Schmerz.
Mein Blick ist ganzheitlich.
Meine Arbeit ist Gesundung.
Fremde Gesundung und meine eigene.

Mein Tag ist Wirbel.
Mein Abend ist müde.
Meine Nacht erfrischend nötig.
Meine Arbeit wohltuend.

Gebet einer *Hebamme*

Ich helfe dem Leben zur Welt.
Danke für meine Arbeit.
Sie hält mich wach in der Nacht.
Ich lasse mich selbst stehen und liegen
für das neue Leben.
Eine Geburt unterbricht alles.
Sie darf das.

Ich danke dir für Schifra und Pua.
Und für alle anderen Schwestern,
die ihrer Lebensberufung folgten,
sich mutig den Diktatoren widersetzten
und Leben retteten, versteckten, schützten.
Statt es zu töten.
Wie es immer wieder von ihnen verlangt wird.

Ich denke an Maria.
Und wünschte, ich wäre da gewesen für sie.
In jener heiligen Nacht.
Um sie zu unterstützen.
Ich hoffe, eine der Hirtinnen hat ihr geholfen.
Eine der weisen Frauen, die Natur und Körper kennen.
Ich will, ich kann mir unsere Maria nicht vorstellen
ohne eine andere Frau an ihrer Seite.

Meine Hände sind die ersten, die das Kind halten.
Ich bin immer wieder ganz nah dran am Wunder.
Die Zerbrechlichkeit flößt mir Ehrfurcht ein.
Der erste Schrei weckt jedes Mal tiefsten Jubel in mir.
Finger zu zählen und Zehen, ist ein unaufhörlicher Segen.
Die Freude nach den Schmerzen,
die Seligkeit nach den Wehen macht mich fassungslos glücklich.

Ich verneige mich vor dir.
Du hast mich aus dem Mutterleib gezogen,
mir Vertrauen eingeflößt an der Brust meiner Mutter.
*Vom Schoß meiner Mutter an bist du mein Gott,**
bist du die Hebamme meines Lebens.

**(Psalm 22,10)*

Gebet einer *alten Dame*

Ich lebe in mich gekehrt.
Zuhause in schöner Einsamkeit.
Ich höre Musik. Meist Maria Callas.
Lese Poesie. Meist Else Lasker-Schüler.
Im Haus stehen Blumen. Meist Rosen.
Ab und zu bekomme ich Besuch. Meist zum Tee.
Ich backe Zimtsterne in jeder Jahreszeit.
Sie schmecken mir im Winter meines Lebens.
Ich führe viele Selbstgespräche.
Und liebe es, mit zuzuhören.
Ich bin ganz bei mir, ganz bei mir, ganz.
Mein Körper ist unbewohntes Land.
Trockener Boden jetzt.
Die Erinnerung an den Tau
und den springenden Fluss in der Mitte ist vergangen.
Nur manchmal wache ich am Morgen auf
und habe noch Durst.
Dann spiele ich Klavier und träume.
Mein Haus ist mein Tempel.
Meine Zimmer voller Bücher, Engel und Bilder.
Und die Mauern voller Efeu.
Bald werde ich weitergehen.
In eine neue Zeit. In ein anderes Leben.
Ich leite dort eine Tanzschule.
Und tanze für mich und mit dir.

Gebet für meine *Männer-Freunde*

Gott,
der du mit Mose geredet hast wie mit einem Freund.
Kümmere dich bitte um meine Freunde.

Wenn sie reisen, sei ihnen Zuhause.
Sprich sie an in ihrer Muttersprache.
Mit Worten, die sie verstehen.

Wenn sie so viel arbeiten, schenk ihnen Kraft.
Unterbrich sie hin und wieder.
Mit Begegnungen, die ihnen guttun.

Wenn sie unter Druck stehen, lass sie atmen.
Erinnere sie an deine Ruach, deinen Geist.
Lass bitte immer wieder frischen Wind durch ihr Leben wehen.

Wenn sie Rechnungen begleichen,
stärke in ihnen das Wissen,
dass alles Bedeutende im Leben Geschenk ist
und so unbezahlbar wie sie selbst.

Wenn sie Autos waschen und Rasen mähen,
Burgen und Baumhäuser bauen,
Feuer machen, Spaghetti kochen und grillen,
wandern, joggen, Fußball spielen oder gucken,
erneuere jedes Mal ihre Lebensfreude.

Und wenn sie ihre Lieben berühren,
dann küss ihr Herz gesund.
Lass sie weinen und lachen und kommen
in den Armen der Liebe.
Gott, der du mit Mose geredet hast wie mit einem Freund.

Kraft

Gott, Du, Ewiger.
Ich brauche Kraft, die über mich hinausreicht.

Wir brauchen alle Kraft.
Weil wir in dieser Welt arbeiten.
An dieser Welt mitarbeiten.
Mit Menschen.
Als engagierte Lehrerinnen.
Als großherzige Sozialarbeiterinnen.
Als Mütter.
Landschaftsgärtnerinnen.
Wissenschaftlerinnen.
Als verständnisvolle Zuhörerinnen.
Krankenschwestern.
Künstlerinnen.

Engagiert, da, wo wir gerade sind.
Als die, die Geld verdienen,
und nach der Arbeit und mit ihrem Geld andere unterstützen.

Als Frauen, die einen Beitrag leisten wollen.
Um anderen das Leben zu erleichtern.
Um zu Recht zu bringen.
Zu ermutigen.
Zu heilen,
Hoffnung zu schenken.
Um Menschen zu sein.
Um der Person, die jeweils vor uns steht, gerecht zu werden.
Die uns fragt: „Wirst du freundlich sein zu mir?“
„Wirst du das Heilige in mir achten, auch wenn ich dir fremd bin?“

Wir brauchen alle Kraft.
Ich brauche Kraft, die über mich hinausreicht.
Gott, Du, Ewiger.

Mantra *beim Tischdecken*

Segen mit jedem Teller.
Mit jedem Löffel.
Mit jedem Platz.

Dass heute alle zu Wort kommen.
Dass es allen schmeckt.
Dass alle satt werden.
Ihr Bauch, ihre Seele.

Segen in jedem Namen.
Segen in jedem Blick.
Segen an diesem Tisch.

Lass uns schmecken und sehen, wie freundlich du bist.
Lass uns teilen, wie freundlich wir sind.

Gebet
zur Mahlzeit

nach einem birmanischen Tischritual

In dieser Mahlzeit sehen wir klar,
wie die ganze Welt und der Himmel
unser Leben möglich machen.
Alle Lebewesen wollen lebendig sein,
viele müssen um ihr Leben kämpfen.
Mögen heute alle genug zu essen haben.
Tisch und Teller sind gefüllt,
wir bedenken, dass diese Lebensmittel
einen weiten Weg hinter sich haben;
wir verbinden uns mit denen,
die diese Mahlzeit überhaupt möglich machen.
Wenn wir schmecken, wollen wir achtsam sein.
Wenn wir genießen, denken wir daran,
dass wir Verantwortung tragen für andere.
Wenn wir satt werden,
wollen wir auch unsere Dankbarkeit nähren.
Wenn die Teller leer gegessen sind,
geloben wir, selber gütig zu sein,
und dem Wohl dieser Welt zu dienen. Amen.

Danke für *meine Kirche*

Die Kirche – für mich schon oft und immer wieder
ein Ort,
an dem ich meine Sehnsucht teilen konnte.
Den Hunger nach Gerechtigkeit.
Den Durst nach Schönheit.
Den Wunsch, Verwobenheit zu erleben.
Achtsamkeit zu üben.
Oft habe ich in der Kirche eine besondere Trostkraft erlebt.

Oft habe ich erlebt,
dass Frauen in der Kirche ihre Sehnsucht teilen.
Ihre Träume, ihren Wunsch nach Segen und Frieden,
für ihre Seele,
für ihre Kinder,
für alle Kinder von Familie Mensch.
Wie sie schufen, was ihnen fehlt,
in der Kirche wie in dieser Welt:
Sinnlichkeit und Tiefe,
Ausdrucksformen, die jenseits der Worte liegen,
Worte, die nicht herrisch daherkommen,
Demokratie, wahre Beteiligung,
Ermutigung zum Kühnen.

Danke für meine Kirche.
Für ihr großes weites Dach.
Danke, dass ich sie immer besuchen kann.
Wie eine alte Freundin.

Gebet für *meine Kirche I*

Heile meine Kirche.
Schenk ihr neue Kraft.
Öffne ihre Türen.
Mach sie unbefangen!

Bewahre meine Kirche vor dem Burnout.
Vor Ermüdung.
Unfähigkeit. Frust.
Erschöpfung.
Sie hat mit so viel Feuer begonnen.

Mach sie unbefangen!
Die Kirche der Freiheit.
Verjage die Skepsis.
Ihre bornierte Rechthaberei.

Mach sie etwas weniger korrekt.
Und weniger käuflich.
Erinnere sie daran, dass „Kosten" nicht nur Geld und Rechnen meint,
sondern auch Probieren und köstliches Experiment.

Möge sie dir neu erlauben, ihr nah zu sein!
Ja, mach sie unbefangen!

Gebet für *meine Kirche II*

Ich bete für meine Kirche.
Mach sie sichtbar.
Die Gemeinschaft der Getauften.
Beweglich mit der großen Bewegung.
Verbinde sie mit denen,
die vor ihr geglaubt haben und weltweit mit ihr vertrauen.
Dass ihr Kraft zuwächst.

Segne ihre heiligen Orte.
Dass in ihnen die Sehnsucht nach dir wächst.
Und sie ihre Feste wahrhaftig feiert.
Und das Geheimnis des Glaubens.

Heilige Geistkraft, funke dazwischen.
Geist, weh durch ihre Fenster und Gänge und Stuhlstapel.
Lass sie ausblühen,
was ihr verheißen ist.

Dass ich *nicht abstumpfe*

„Bitte, sprecht über die Armen
nicht wie über Dinge, nicht wie über Insekten,
nicht wie über nackte Zahlen einer Statistik.“

Großer Gott.
Ich möchte der Bitte meiner indischen Freundin nachkommen.
Wenn ich Nachrichten sehe,
Kriege, Flutkatastrophen, Hunger, Aids,
will ich Menschen sehen.
Von Landminen entstellte Alte,
Waisenkinder, zerstörte Heimatstädte,
Flüchtlinge, die nicht wissen, wohin.

Verbindlicher Gott.
Ich möchte eine Verabredung treffen mit mir selber:
Nie, nie wieder möchte ich von Kollateralschäden sprechen.
So kalt und unpersönlich.
Ich will die Folgen des Krieges beim Namen nennen.
Natalia aus der Ukraine.
Dilara aus Syrien.
Samira aus Afghanistan.
Sakura aus Japan.
Eliora aus Jerusalem.
Fatiha aus Gaza-Stadt.
Nilam aus Kaschmir.
Die Toten sind Frauen wie ich.
Das will ich nicht vergessen.

Liebender Gott.
Ich möchte meine Nächsten entdecken.
Die Ebola-Patientin
ist eine Großmutter, die so gerne Geschichten erzählte.
Die von einer Bombe getroffen wurde,
ist eine Tochter mit bunten Bändern in langen Zöpfen.
Die in den Fluten unterging,
ist eine Mutter, die gerne noch einmal verreisen wollte.

Guter Gott.
Ich möchte nicht abstumpfen.
Im Beten ist Erinnern.
Ich werde menschlich vor dir.

Gebet für *mein Deutschland*

Ich danke für meine Heimat.
Und bete für mein Land.
Für den Tag der Deutschen Einheit.
Für allen Wohlstand, alle Geschenke, alles Gute.
Für unsere Demokratie.
Für die Parteien, Debatten und Wahlen.
Ich will meine Stimme nutzen.

Nach zwei Weltkriegen,
nachdem Deutschland so viele Länder angegriffen
und so viel Schrecken und Grauen gebracht hat,
danke ich dir für so viele Jahre Frieden.
Und für Europa.
Ich möchte selber Frieden stiften.

Dass wir heute gute Beziehungen zu fast allen Ländern pflegen –
nachdem wir achtzehn Länder besetzt,
sechs Millionen Menschen umgebracht,
zwei Völker fast ganz ausgelöscht haben,
Juden und Sinti und Roma.

Ich bitte dich, dass die Vergangenheit eine Lehrerin bleibt.
Und die Gegenwart achtsam.
Und die Zukunft ein Zuhause.

Ich bete für den 9. November.
Ich erinnere mich an Pogrome. Propaganda.
Revolution. Putsch.
Den Mauerfall.

Danke für die Gedenktage, die uns erinnern.
Danke für alle, die für Frieden einstehen.
Die Verständigung suchen, Aussöhnung und Lösung von Konflikten.
Lass mich bitte niemals Feindbilder schüren.
Lass mich nicht vergessen.

Gebet *der Demokratin*

Demokratie will ich üben,
muss ich immer wieder lernen.
Es ist nicht wie Fahrrad fahren.
Eher wie Klavier spielen.
Demokratie ist eine Disziplin.
Ich beherrsche sie niemals ganz.
Und niemals alleine.

Herr der Heerscharen.
Mach mich sozial, politisch, christlich, demokratisch, liberal und grün.
Lass mich täglich eine Demokratin sein.
Für mein Land.
In Europa.
In meiner Nachbarschaft.
Für diese Welt.
In meinem Kiez, meiner Stadt.

Lass mich üben.
Täglich. Nicht nur am Tag der Wahlen.
Zuhause, in meiner Familie, meiner Ehe.
Abstimmen. Wählen. Kompromisse finden.
Lass uns miteinander üben, nicht zu schweigen.
Uns nicht einschüchtern zu lassen.
Sondern unsere Stimme zu nutzen.
Für Freiheit und Toleranz, Werte, Rechte und Pflichten.
Für den Schutz der Minderheiten, der Kinder, der Schöpfung.

Lass mich üben.
Und dankbar sein, respektvoll für dieses anvertraute Gut,
die Demokratie.

Trotz-*Gebet*

Trotzdem will ich vertrauen.
In einer Welt, die mich klein macht.
Trotzdem will ich hoffen.
Trotz Markt und Wahrheitsdiktat.
In einer Zeit, in der „alternativlos" für manche
ein beruhigendes Mantra ist.
Aber für mich nicht.

Ich brauche etwas anderes.
Ich brauche mehr.
Ich will nicht verzweifeln.
Ich will nicht zynisch werden.
Ich will noch an Schönheit glauben.
Trotzdem bleibe ich eine, die Gott glaubt.

Aber ich schaffe das nicht alleine.
Ich habe nicht genug Ausdauer in mir.
Ich brauche deine Unterstützung.
Ich brauche Sonntag.
Ich brauche Auferweckungs-Energie.

Trotzdem will ich hoffen.
In einer Welt, die mir das Leben tot erklärt.
Die mir beweisen will, dass das hier alles ist.
Ich brauche ein Fenster zum Himmel,
das Sonne in die Gedankenwelt lässt.
Eine Lücke im Denken.

Trotzdem will ich leben
mit dieser großen segnenden Kraft,
die ich Gott nenne.
Mit meinem Vertrauen in die Anderswelt.
Mit der großen Erzählung meiner Tradition.
Die die Natur „Schöpfung“ nennt.
Und das Leben als heilig ansieht.
Die sagt, es ist doch möglich:
zu teilen,
Fremde zu lieben,
Kleine zu schützen,
Worte achtsam zu wählen.
Frieden zu stiften,
zu verzeihen,
Willkommen zu leben.

Trotzdem will ich glauben:
Eine andere Welt ist möglich.
Meine Phantasie bewirkt Hoffnung.
Und meine absurde Hoffnung ist meine Stärke.

Segen zum *Weitergehen*

Mögen wir in unserer Seele
eine Vorstellung wecken von einer anderen Welt
und uns für diese Erneuerung öffnen.

Gott, segne uns, du, unser Ort, unsere Heimat:
Schaffe uns weiten Raum,
in dem wir leben und wachsen können.

Jesus Christus, segne uns, du unser Weg.
Segne uns mit Gastfreiheit und offenen Türen.

Heilige Geistkraft, segne uns, du unsere Gabe,
zu wohnen, zu gehen und zu verbinden.
Segne uns mit deiner Liebe für Orte und für Wege.

Gebet
für Gott

Hätte ich einen Wunsch frei.
Und noch ein bisschen Zeit über.
Wäre ein Mal alles erledigt.
Dann würde ich noch ein kleines Gebet sprechen
für dich, mein Gott:

Dass du dich nicht alleine fühlst
in deinem Garten.
Mit den tausend Bäumesorten,
alten Eichen, Zitronen,
Schattierungen von Grün und Blumenarten.

Ich betete für dich ein kleines Lied vom Grün.
Ich sänge ein paar Zeilen Hoffnung nur für dich.
In deine Richtung.

Dass du nicht traurig bist
in deinem Garten,
noch ein wenig aushältst,
guten Mutes,
in deinem Werben und Erwarten.

Funken

Gott!
Heute werde ich Funken sammeln.
Au ja!
In meinen Straßen bis zum Rand der Welt.
Sie aus ihren Verstecken locken.
Halleluja!
Mich verbinden mit allem, was sucht.
Um mich herum und in mir selbst.
Au ja!
Zurücklieben, was verstreut war.
Finden, was gefunden werden will.
Halleluja!